イスラームを読む

クルアーンと生きるムスリムたち

小杉 泰
［著］

大修館書店

はじめに――言葉の「技術体系」

日本でも、最近はしきりとイスラームがニュースに登場し、イスラーム世界の話題も身近になってきた。とはいえ、イスラームがよくわかる、イスラーム圏のニュースがすぐに理解できる、とはなっていない。テロ関係のニュースにしても、無利子金融（イスラーム銀行）やハラール食品にしても、むしろ、話題が身近になった分、疑問も増え、不思議さも増してきた。

もう四〇年以上もイスラーム世界と付き合ってきた筆者にとっても、イスラームは不思議な宗教・文化であり、まだまだ新鮮な驚きを与えてくれる。日本から見て、イスラーム世界には不思議が詰まっている。その不思議を解き明かそうと、私はエジプトへの留学を皮切りに、長年にわたってさまざまなイスラーム地域を訪れ、いろいろと考察してきた。

不思議なこと、なぞめいたことを解明するには、時間がかかる。長いあいだ疑問に感じていたことが、いろいろな経験とそれをめぐって考えたことを通して、ある日ぱっと氷解することもあれば、古典をひもとき、専門書をたくさん読み込んで、ようやくのことで結論に達することもある。

大事なのは、現地の人びとと付き合い、彼らの話を聞くことである。確かに、当人たちの話は主観的なところも多いので、ただちに不思議なことの解答に行き着くとは限らない。しかし、いろいろな話を聞いていると、その根っこの部分で通底している大きな世界観や考え方が垣間見えてくる。

そのうえ、彼らの語り、振る舞いそのものが、不思議な世界を作っている。生き生きとした彼らの話を聞いて、面白くないはずがない。イスラームを切り口として見ても、各地に多様な実態があっていろいろな違いに驚くこともあれば、イスラームとしての共通性が思わぬところで立ち現れもする。結局のところ、一番面白いのは人間が作っている社会であり、そこでの付き合いではないだろうか。

本書でも、その面白さを少しでも伝えられるよう、努めたいと思う。

『イスラームを読む』と題したこの書では、さまざまな「言葉」、つまりイスラームをよく表すキーワードを通して、イスラームとその社会を考えてみたい。この場合の言葉は、言語としてはアラビア語を基本に発想し、読み解いていくものである。

本書は、三部構成となっている。第一部では、イスラームをめぐるもっとも基本的な言葉を一二語選んで、イスラームとは何か、ムスリム（イスラーム教徒）とはどんな人びとか、イスラーム世界をつないでいる紐帯はどのようなものか、イスラームの文明と社会の特質は何かといったことを読み解いていきたい。第二部では、聖典クルアーンの中から一二の短い章句を紹介し、それを読み解く中から、イスラーム的なものの考え方や生き方を明らかにしていきたい。第三部では、イスラーム社会のさまざまな面とムスリムの人生を示す一三の言葉を選んで、イスラーム社会の独自の姿や、誕生から成長、人生の苦楽、死までのイスラーム的ライフスタイルを読み解き、描き出したい。その中には、女性のあり方、イスラームと民主主義、テロや武装闘争などの現代的な諸問題も含まれている。

これらの言葉や章句はすべて、アラビア語である。その理由の一つは、アラビア語がイスラームの「聖典の言語」であり、また聖典をもたらした「預言者ムハンマド」という存在がアラブ人だったからであるが、それだけであれば、内容と媒体の関係にすぎない。実際には、両者の間にはさらに大きな二つの相互関係がある。

本書のねらいを明らかにするためにも、この相互関係について、少し詳しく述べておこう。

第一は、アラビア語というものがもともとあって、それを媒体に聖典であるクルアーンが生まれた、というだけではなく、クルアーンの誕生を通して、アラビア語が世界宗教を語り、深遠な宇宙観を語る言語へと発展したことである。イスラームがあったからこそ、それ以前とは異なるアラビア語に変貌できた。

七世紀のアラビア半島でイスラームが誕生するまで、アラビア語は日常生活と詩作の言語ではあったが、書物もなく、識字者も限られており、読み書きできたとしても正書法も確立していなかった。ところが、イスラームが誕生し、聖なる書物としてのクルアーンが生まれると、アラビア語は人間社会の倫理や生活に関する指針を語ったり、超越的な存在や不可視界についても論じる力を持った。正書法も作られ、書物文化が発展し、書道が栄えた。

さらに、先行するオリエントやエジプト、ギリシア、インドなどの諸文明を吸収して、イスラーム科学が成立して、アラビア語は哲学や科学を語りうる言語に発展した。それと並行して、詩のほかに散文文学も生まれ、法学、神学などのイスラーム諸学も発展し、いわば世界的な文明の言語となった。

第二は、イスラームがアラビア半島からあふれ出て、東西に広がった結果、イスラーム圏の共通語としてのアラビア語の領域も広がったことである。東は中央アジアで唐と接し、西はイベリア半島（今日のスペイン）でヨーロッパと接する広大な版図には、大きな国際的な商業ネットワークが広がり、アラビア語は商業語として、それらの諸地域に普及した。

また、イスラーム文明が発展すると、当時の科学・哲学を表現する言語として、アラビア語が大きな役割を果たした。イスラーム圏から科学・哲学を輸入して、ヨーロッパの一二世紀ルネサンスも生まれた。その文化輸入の媒体も、アラビア語からラテン語への翻訳という流れであった。

聖典クルアーンは共通であるものの、イスラーム化に随伴してアラブ化が進んだため、イスラーム地域でのアラブ化の度合いは、地域・言語によって差がある。イスラーム圏がすべて、アラビア語を母語として取り入れたわけではない。アラブ化が一番進んだのは、アラビア語が母語となった地域である。かつてはアラビア半島だけにアラブ諸部族が住んでいたが、今日では西アジアから北アフリカにかけて二〇か国を超えるアラブ諸国がある。現代のアラブ人の中には「生粋のアラブ諸部族」の子孫もいるが、大半はイスラーム化し、アラブ化した人びととその子孫である。

アラビア語を母語にはしない第二の段階のアラブ化として、それぞれの言語が書き文字としてアラビア文字を取り入れることが起こった。本書の各項にはキーワードがアラビア文字でも書かれているが、この文字は右から左へ横書きする。横書きは左から右と思っているとと驚かされるが、かつてはペルシア語、トルコ語、チュルク諸語、ウルドゥー語、マレー語などのイスラーム圏の言語が、書き文字としてこのアラビア文字を使っていた。近代に入ってからは、トルコや中央アジア（旧ソ連圏）などがローマ字やキリル文字に切り替えたが、アラビア語、ペルシア語、ウルドゥー語はアラビア文字の使用を続けている。東南アジアのインドネシア、マレーシア、ブルネイでも、この地域でジャーウィー（ジャワ文字）と呼ぶアラビア文字が今日でも併用されている。

イスラーム圏のどこでも見られる第三のアラブ化は、外来語としてのアラビア語の導入である。イスラーム関係の語彙、イスラーム文明に発する語彙などが、アラビア語起源の外来語として各地の言語に多量に入って、文化的な影響を及ぼしてきた。

さらに付言すると、宗教的には、聖典であるクルアーンはアラビア語で朗誦してこそ聖典となる。つまり、意味を訳したものは聖典ではなく、あくまで意味の解説書になってしまう。これは、各国語の翻訳も聖典とされる聖書やお経と異なる、クルアーンの特徴である。

このことのため、母語が何語であれ、あるいは自分の母語がアラビア文字を使っていてもいなくても、ムスリムは聖典の章句を少しは覚えなくてはいけない。日々の礼拝に聖典の章句を唱える箇所があるため、たとえ耳で覚えただけにしても、アラビア語の章句を少しは知っている必要がある。

このようにイスラームとアラビア語は、相互に深く結びつきながら、そしてそれぞれの発展・拡大が互いに影響を及ぼす形で展開してきた。本書が『イスラームを読む』でありながら、実際にはアラビア語での語彙や表現を通してイスラームを読むものとなっているのは、以上に述べたような事情による。

筆者はこれまで、イスラームの理念や思想、イスラーム社会のあり方、現代イスラーム世界の動向などについて、研究と執筆をおこなってきた。はじめに述べたように、それはイスラームの不思議さに導かれる知的な旅であった。さらに近年は、文明としてのイスラームの不思議さを解明すべく、比較文明論の視座からも論を進めている（たとえば『イスラーム 文明と国家の形成』京都大学学術出版会、二〇一一年）。

その過程で、文明を科学・技術の面と「社会運営の技術体系」に分けるようになり、いずれの文明もその二つが合わさってできているという思いに至った。イスラーム社会の独自性は、そこにおける「社会運営の技術体系」に着目する時、いっそう明確な姿を現す。

この「社会運営の技術体系」という考え方を言語に当てはめてみると、言語を用いる技術体系もあることがわかる。つまり、上に述べたイスラームとアラビア語の相互関係のゆえに、「社会運営の技術体系」としてのイスラームには、その一環としてアラビア語の独特の運用が含まれるようになった。

この「はじめに」の副題に、言葉の「技術体系」と掲げたのは、そのような背景に基づく。具体的なことは本書全体を通して示していきたいが、イスラームとアラビア語が形作っている「技術体系」について、一つだけ特徴を述べておこう。

それは、言葉には真理が宿り、言葉自体が力を持つ、という考え方に立脚して言語を用いることである。端的に言って、イスラームとは「二つの信仰告白」をおこなった人が信徒（ムスリム）である、という考えに基づいている。信徒が何かを規定するものは、言葉に関するこの一点だけである。言葉以外の（たとえば洗礼のような）儀礼はいっさいない。

そして、信仰告白の言葉は神と世界に関する真理を宿しており、それを発声することには社会的責任が伴うとされる。実際に、その定義にしたがって、イスラームは一四世紀間にわたって今日まで広がってきた。

イスラームでは、聖典は文字通り「神の言葉」であるという。聖なる章句が「神の語り」であるとは、いったいどういうことなのであろうか。これは、イスラームをめぐる一番大きな不思議の一つであり、筆者もそれを説明するために、これまで多くの紙数を費やしてきた。少なくとも、そのようなことが起きうるという言語認識がイスラームの基底部にあることを、頭の片隅に入れておいていただきたいと思う。

実際に、そのような言語認識を人びとが了承すると、言葉はそのような力を持ち始め、それが社会や人間関係の現実にも作用するようになる。イスラームは、今日の世界人口のおよそ四分の一に達しようとしているが、彼らが生きている文化では、言語とはそのような力を持つものである。

私たちの近代的な言語認識では、今では、ものに名称があるのは単なる差異に過ぎないという考え方が強い。花が「花」と呼ばれ、葉が「葉」とされているのは、いわば偶然の結果で、花が葉と呼ばれ、葉が花と呼ばれてもよかったはずである。

しかし、イスラームとアラビア語の世界には、そのような考え方は希薄である。花の実際の存在に先立って、神が花を花と定めた瞬間から、花は花でなくてはならない――そのような世界が、現代にもしっかりと生きている。本書では、そのことから生まれる不思議さも伝えたい。

楽しくも不思議なイスラームとアラビア語の世界を、読者の皆さまとともに、これから読み解いていきましょう。

アラビアン・ナイト風に言うならば、いざ、「イフタフ、ヤー・スィムスィム（開け、ゴマ）！」

イスラームを読む――クルアーンと生きるムスリムたち

目次

イスラームを読む——クルアーンと生きるムスリムたち

第Ⅰ部

イスラーム世界を読み解く

クルアーン

القرآن الكريم

アル=クルアーン・アル=カリーム

＊

【聖クルアーン】

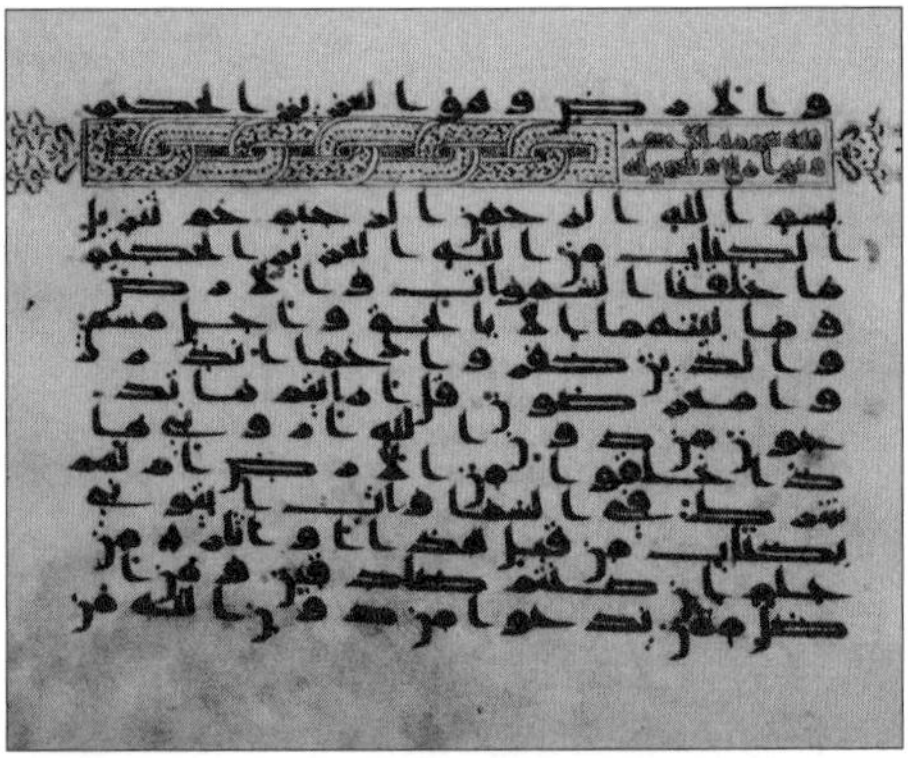

初期のクルアーン　古くから書道家と装飾家の協業で、たくさんの写本クルアーンが制作されてきた。上は9世紀後半または10世紀初めに作られたクルアーン。

カイロのとあるモスク（礼拝堂）。金曜礼拝が始まる前のひととき、モスクはすでに人であふれている。張りのある声で、聖典クルアーン（コーラン）の朗誦が聞こえてくる。今日の朗誦家は声量と技量があり、その評判が鳴り響いている。彼の朗誦を聞こうと、人々はこのモスクにやってきた。

朗誦者用の台座の上で、彼が美しい節回しで朗々と章句を吟じると、区切りのたびに、あふれた人々がどよめいて、その波動があたりを震わせる。感動に身を任せて、「ヤー・ラッブ！（おお、主よ）」なども叫ぶ人も多い。

イスラームの教えでは、モスクに格式などの違いはない。三大聖地（マッカ、マディーナ、エルサレム）の大モスクを例外として、歴史的な壮麗な建築でも横丁の小さな礼拝所でも、宗教上の価値は同じである。それでも人気の有無はあって、人が多く集まるモスクがある。人々を引きつける魅力はいろいろあるが、そのうちの一つは、クルアーン朗誦である。特に、著名で人気者の朗誦家が来るとなると、そのモスクは人であふれかえる。

イスラームの唯一の聖典であるクルアーンは、「読まれるもの／誦まれるもの」を意味する。それを暗記している者が声に出して朗誦するのが、本来の姿である。私たちは書物の形をしたクルアーンを目にすると、聖書のように「聖なる本」なのだという印象を持つが、書物としてのクルアーンはいわば記録のための補助手段であり、声に出して朗誦し、それを耳で聞いてこそクルアーン（誦まれるもの）と言える。

このクルアーンはアラビア語の言語文化の性質をよく表している。音声を重視する言語文化と、文字を重視する言語文化では、大きな違いがある。日本語の世界では、文字なしには言語生活は成り立たない。たくさんの漢字を知っていることが知識の基本であるこの世界から、アラビア語の世界に留学して、私はその違いに驚いた。アラビア文字は完全な表音文字なので、どれほど複雑な概念でも耳で聞き取るだけで理解が可能である。概念把握の基本は文字ではない。私は二〇代のほとんどをそこで過ごして、アラビア語はつくづく音声を中心としていると感じた。書物は山のようにあるし、読み書きは重要である。しかし、読み書きできることが知識の必須条件とはなっていない。

実際、目の不自由な学者たちがたくさんいる。私が教わった教授の中にもいた。そういう教授が課す試験は、当然ながら筆記は用いず、口頭試問だけである。しかも目の見えない先生には、「はるばる東アジアからやってきた（苦労をしている）留学生」という視覚的印象も与えようがなく、むずかしい質問に汗だくでアラビア語構文を連ねて回答するしかないのであった。

目の不自由な人がめざす職業の一つは、クルアーン朗誦家である。クルアーンの朗誦は書物を読み上げるのではなく、暗唱が基本であるから、いったん覚えてしまえば、目が不自由でもハンデにはならない。

クルアーン全体を暗記している人をハーフィズ（保つ人）と言うが、これは一般信徒の中にもかなりいる。朗誦の厳密な規則をマスターして、正確に朗誦できる人をカーリウ（読み手／誦み手）と言う。プロの朗誦家とは、このカーリウのことである。ハーフィズも敬意を払われるが、カーリウともなれば宗教指導者の一翼を担う存在であり、人気が出れば、モスクを人であふれさせることもできる。

イスラームは七世紀のアラビア半島で始まり、洋の東西に広がった。一世紀のうちに、東は中央アジアから西はヨーロッパのイベリア半島まで達した。のちには、貿易路を伝わって、アフリカや東南アジアなどにも広まり、今日では、世界人口のほぼ四分の一ほどに信徒が増えている。なぜ、このように広がったかについては諸説あるが、その理由の一つは、朗誦される聖典の美しさと言われる。

確かに、音声的な魅力は、異なる文化の壁を越えやすいかもしれない。言語が違えば意思疎通も困難であろうが、たとえ意味がわからなくとも、美しい韻律の朗誦を聞かされると感動する人も出てくるであろう。

クルアーンは、アラビア半島でムハンマドが「預言者」（神の言葉を預かる者）となってから約二三年間に断片的に啓示されたものが集められて一つの聖典となった。啓示にもとづく聖典という意味で「啓典」と呼ばれる。一番最初の啓示の言葉は、「読め／誦め！」であったと言う。それを見ても、「読む／誦む」ことが中心テーマであることがわかる。

ムハンマドの時代には、彼が受け取り暗唱した章句を、周りの弟子たちが暗唱し、他の信徒に次々と伝えるということが二三年の間繰り返された。一部の章句は書き留められたようであるが、筆記具も書く素材（獣皮紙など）も希少資源であった。そのためもあって、ムハンマドの死後二〇年ほどたってから、一冊の書物の形にまとめられた。七世紀半ばの正統カリフ（ムハンマド没後のイスラーム共同体の統率者）の時代に、第三代カリフの命でまとめられたので、彼の名前を冠して「ウスマーン版」と呼ぶが、他の版が存在するわけではない。ウスマーン版だけが今日まで伝わっている。いわゆる異本・外典が存在しないことは、書物としては不思議なことと言わざるをえない。

ムスリム（イスラーム教徒）たちは、一つの啓典が異本もなく一七億人の信徒に共有されていること自体が神の恩寵である、と力説するが、少なくとも、異本を生じさせないために朗誦家たちが費やした労力、エネルギー、細心の注意といったものは驚嘆に値する。私の知っている朗誦家たちも、誰もが「一字一句間違えてはいけない」ということを熱心に主張していた。

もちろん、書かれたテキストとしてのクルアーンも、記録および伝承という点では重要である。暗唱に比べると「補助手段」ではあるが、写本も大きな役割を果たした。前近代において、クルアーンの写本を作る仕事は、宗教的・社会的に重要であったが、業務に携わっている人々の経済生活にとっても死活的な意味があった。朗誦家が一字も間違えられないのと同じように、写本を作る書家たちも一字も間違えることができなかった（間違えれば、職業的な信用がたちまち失墜する）。各地に残っている精巧な写本は、そのことをよく物語っている。

イスラーム世界ではグーテンベルクの印刷術が遅くまで導入されなかったが、その一因は、ムスリムたちが当時の印刷の質を見て、「こんな粗悪品でクルアーンを制作するわけにはいかない」と反対したためとも言われる。そのため、一八世紀初めに印刷機が導入されたときは、非宗教的な書物ばかりが刊行された。正確さと美しさを兼ね備えたクルアーンの刊本がようやく出されたのは、二〇世紀に入ってからである。エジプト国王ファアードの命で出された一九二三年のクルアーンは「エジプト版」と呼ばれ、クルアーンの印刷はかくあるべし、という模範となった。

今日、世界最大のクルアーン印刷所は、サウディアラビアのマディーナにあるファハド国王クルアーン印刷所である。このマディーナ版のクルアーンを見ると、エジプト版で確立された伝統が継承されていることがよくわかる。ちなみに、この印刷所はクルアーンだけを印刷する機関で、年間一千万部の生産能力を持つ。開所は一九八四年で、その後の三〇年間で印刷総数は三億冊に近づいており、インターネットを通じたデジタル版も配布されている。

ファハド国王版クルアーン　現在、世界的に流布しているマディーナ版クルアーン。サウディアラビアのファハド国王クルアーン印刷所から無料で配布されている。アラビア文字は右から左に書かれ、右頁が第１章開扉章、左頁が第２章雌牛章の冒頭。

百年前のイスラーム世界では、識字率も低かったし、高価なクルアーンの写本を入手できるのは一握りの人々であった。刊本のクルアーンがスタートしてから、九〇年余。一家に一冊とまでは言わないまでも、書物としてのクルアーンもずいぶんと普及した。しかも、インターネットで音声や動画が簡単に流通するようになったこともあって、朗誦熱も高まっている。

カイロのモスクでは、子どもたちがクルアーンを片手に暗唱の練習をしているのを、よく見かける。先生の前で朗誦する前に、間違って覚えていないか、確かめているのである。

今日も、世界のあちこちのモスクで、朗誦家たちが張りのある声でクルアーンを誦み、弟子たちに教えを授けているに違いない。モスクの回廊では、空いたひとときにクルアーンを朗誦して心を安らげている一般信徒もいることであろう。

モスク

المسجد

アル=マスジド

＊

【モスク】

ウマイヤ大モスク（シリアの首都ダマスカス）
信徒たちはモスクに来ると、集団礼拝が始まるまで聖典を読んだり任意の礼拝を捧げたり、思い思いに過ごす。

エジプトなどの乾燥地帯の国では、夏の日差しは暑いが、日陰は意外と涼しい。特に、大きなモスクに入ると、ひんやりとした空気が迎えてくれる。灼熱の街路からモスクの門をくぐると、ほっとする。

素足が気持ちいい石造りの床を歩きながら、回廊を通り抜けると、中庭に出る。中庭といっても、同じく石造りで、四方を壁に囲まれている。そこでは、外の喧噪が全く感じられない。外では車の騒音、客を引く物売りの声や往来の人混みが喧噪を作り出しているのに、ここには静寂と安らぎがある。

見上げると、青々とした空が周壁を越えて限りなく広がっている。周壁の向こうに見えるのは、ただ空だけである。足下では、盤石な床が大地の確かさを伝えてくれる。おそらくモスクの中庭は、そこに入った者を「天と地」の間に置く作用を持つ。聖典クルアーンは言う、「まことに、天と地の創造には、思慮する者たちへの徴《しるし》がある」。

中庭には多くの場合、礼拝前の清めのために水場が設けられている。円形または多角形の水場には、ぐるりと蛇口がついていて、そこで信徒たちは顔、手足を洗って清めをおこなう。暑い夏の日には、実に心地よさそうに、水を顔や腕にかけている人が目につく。

モスクの原型は、七世紀のマディーナでムハンマドが建てた「預言者モスク」である。このモスクは回廊、中庭、本体にあたる礼拝室から成っていた。中庭を持つモスク様式は、その原型から来ている。礼拝室には、見ようによってはがらんとした空間が広がっている。一見したところ中心がないのは、モスクの特徴である。イスラームでは偶像を否定しているため、神像なり本尊なりがなく、祭壇もないから、どこが中心かは判然としない。モスクはかつて「回教寺院」と訳された。「回教」という言葉は「回紇（ウイグル）」の宗教という、中国的な誤解に発するから間違いであるが、「寺院」も誤ったイメージを与えているように思う。

中心はないが、軸線ははっきりとある。礼拝室の奥まで進むと、壁に馬蹄形の印がつけられている。大きさはモスクの規模によるが、少なくとも人の背よりも高く、大きい場合は何メートルも高さがある。きちんとしたモスク建築の場合、壁がくりぬかれてくぼみとなっている。これをミフラーブ（壁《へき》龕《がん》）といい、聖地マッカの方角を示している。

あるとき、日本人の見学者が「こんなくぼみを拝むのですか？」と驚きの声をあげたことがある。確かに、像も何もない空白のくぼみは、それが信仰の中心だとするならば奇妙であろう。しかし、イスラームが説く唯一神アッラーは絶対的超越者であり、その姿を見ることはできないし、図像に表すこともできない。ただ、マッカの方角という軸線によって、「神の前に立つ」ことが可能とされるのである。

礼拝を先導するイマーム（導師）は、このミフラーブの前に立ち、その背後に信徒たちが横に並ぶ。マッカの方角の縦軸がモスクを貫いているとすれば、横一直線に並ぶ信徒たちの列は、それと交差する横軸を形成する。実際、しばしば床のカーペットに信徒が並ぶべき位置を示した線があり、横軸を示している。

この二つの軸は、イスラームの基本教義に対応している。すなわち、ムスリムが誰でもおこなう「信仰告白」の二箇条、「ラー・イラーハ・イッラッラー（アッラーのほかに神なし）」と「ムハンマド・ラスールッラー（ムハンマドはアッラーの使徒なり）」である。これは、唯一神を認めること、その使徒としてのムハンマドに従うこと、を意味する。

唯一神を認めることは、モスクの中では、マッカの方角を向いて祈りを捧げることに凝縮されている。これが縦軸である。ムハンマドに従うことは、いわば彼をイマームとして、その背後で礼拝を捧げることを意味する。背後に並ぶ信徒たちは、ムハンマドに従う者たちの共同体をなすが、互いの関係は平等である。一直線の横軸がそれを表している。

信徒の平等性は、ムスリムが好んで話題にする事柄である――「こうやって、モスクに来たときは、入ってきた順に横に並ぶのです。金持ちも貧しい人も同じ同胞として、偉い人もそうでない人も、社会的地位などは一切関係なく、肩を並べて礼拝をします。神の前では、人はみな平等なのです」。そのような解説を何度も聞いたことがある。実際、モスクの中は、どこで礼拝してもその価値は同じである。イマームの近くがよいとか、前列の方が尊いというようなことは一切ない。礼拝室からはみ出て中庭で祈っても、その点には違いがない。

違いがないといえば、モスク相互の間にも格式や機能の違いがあるわけではない。モスクは礼拝をする場所であるが、仏教のお寺やキリスト教の教会のように、その宗教の組織の一部をなすような機能は持っていない。仏教であれば、総本山や末寺というように、同じ宗派に属する寺が組織的な位階の中に位置づけられている。しかし、モスクには上下の差もなければ、相互間に指揮系統があるわけでもない。ある地区や村の人々がモスクを建てれば、それは彼らが維持し、管理するだけのものであり、地域コミュニティーの礼拝の必要さえ満たしていれば、どこからも指示を受ける必要はない。

地域のモスクといっても、教会の教区や寺の檀家に相当する考え方はない。寄付で建てる場合も、あくまで自発的な寄付である。場合によっては、裕福な人が一人で寄進することもある。カイロでは、街頭でモスク建設の寄付集めをする人もいる。「神に仕えるために、浄財を！」と叫びながら、道行く人に呼びかけている。面白いのは、このような寄付集めも登録制になっていて、登録された慈善協会の領収証をちゃんと発行することである。お金を差し出すと、あらかじめ金額が刷ってある小さな券を金額分、渡してくれる。

しかし、「モスクは宗教組織の一部ではないと言っても、イマームがいるではないか」という疑問が生じる。確かに、政府が管理しているモスクにしても、民間のモスクにしても、任命されたイマームが日に五回の礼拝を先導している。金曜日の昼過ぎには金曜の集合礼拝がおこなわれ、イマームが説教をおこなう。彼らは、寺の住職や教会の神父、牧師とどこが違うのであろうか。

宗教指導者として見た場合に、明らかに共通の側面もあるのでわかりにくいが、モスクの意義を考えると、やはり大きな違いがある。モスクの語は、アラビア語の「マスジド」が欧米語になまって入ったものが日本にも伝わったとされる。もともと、マスジドは「額《ぬか》ずく場所」を意味する。イスラームの礼拝は、直立礼（立って聖典の章句を読む）、屈折礼（頭を下げて、神を称《たた》える）、平伏礼（床に額をつけて、神を称える）などから成っている。この最後の額ずく姿勢が、神への帰依を表すもっともよい形ということで、礼拝所を「額ずく場所」と呼ぶことになった。

その一方で、「大地はすべてマスジド」とも言われる。農村で、畑の脇で、農民が一人で、敷物すら敷かずに地面の上で祈っている姿を見ると、それが実感される。「天と地があって、祈る人がいる」という構図は、建築物としてのモスクがなくても、確かにある。

そうすると、わざわざモスクを建てる意義は何か。それは、たとえ大地がすべてマスジドでも、どこでも簡単に礼拝できるわけではないので、礼拝用の場所を確保するためである。そしてイマームは、その場所で日に五回の礼拝を励行する責任者として、任命されている。つまり、モスクは個々の信徒が礼

アズハル・モスクの中庭　中東や北アフリカの乾燥地帯では、モスクに入るとすぐに大きな中庭がある。そこに座ってみると、外界から遮断されて、天地の間に祈りの空間が広がっている。金曜の集合礼拝の時は、中庭も礼拝者で埋め尽くされる。

拝するための場所であり、その信徒の義務を支えるのが、モスクおよびイマームの役割なのである。

さて、世界を見渡すと、モスク建築にはさまざまな様式があることがわかる。乾燥地帯では天に開いた広い中庭があるが、雨の多い地方では屋内の礼拝室が大きく、その上に天蓋がかぶさる。オスマン帝国の都であったイスタンブルには、巨大なドームと鋭く高く屹立するミナレット（尖塔）を備えたモスク群がある。その内部に立ってみれば、巨大なドームが天球の形で頭上に広がっているのに驚かされる。きわめて重いはずなのに、こともなげに浮かぶドームは、まさに天空のようである。

大きなドームと広々とした床がここでも天と地を象徴して、人はその間にあって創造主に祈ることになる。

預言者ムハンマド

النبيّ محمّد

アン=ナビー・ムハンマド

＊

【預言者ムハンマド】

マディーナの預言者モスク　ドームは緑色に塗られ、その下にムハンマドが２人の高弟とともに埋葬されている。マッカ巡礼をすませた信徒たちは必ずここを訪れ、イスラームの原点に思いをこらす。

中東研究者の間で、昔からこんなことが言われる――「カイロなり、アラブ諸国の町の雑踏で、道行く人に向かって、『ムハンマドさんよ！』と呼びかけたら、男性の通行人の半分が自分のことかと思って、振り向くに違いない」。そのくらい、ムハンマドという名前は多い。

もっとも、私の知る限り、実際にこれを実験してみた人はいない。私自身、カイロの中心街でやってみたい誘惑にかられるものの、さすがに気恥ずかしい。その代わり分厚い電話帳を使って、エジプト首都圏の男性名の中にどのくらいムハンマドがあるか調べたことがある。結果は一六・三％であった。およそ七人に一人、ムハンマドがいる勘定である。これに対して、カイロ大学のある教授は「都会の電話帳を用いたので、思ったより少ない」とコメントした。伝統文化の強い農村部には、もっとたくさんのムハンマドがいる。

男児にムハンマドと名付ける習慣は、イスラーム世界に広く見られる。トルコでメフメット、西アフリカのギニアでママドゥというように訛る場合もあるが、全イスラーム世界で自分たちの預言者を敬愛し、この名を用いる。ムハンマド自身、ムスリムにとって良い名前とは、ムハンマド（数多く賞賛される者）、アフマド（もっとも賞賛される者）、マフムード（賞賛されている者）などの「賞賛」に由来する名前および「神のしもべ」を意味する名前であると述べている。

アフマドもマフムードも、ムハンマドの別名とされ、エジプトの電話帳でも数が多い。このほかにも彼の別名があるが、いずれも男性名として尊ばれている。他方「神のしもべ」を意味する名前は、「アブド（しもべ）＋神の名前」という形をしている。唯一神アッラーにも多くの別称があり、それと組み合わせて「慈悲者のしもべ」「創造主のしもべ」というような名前となる。『アッラーのしもべ』はアブドゥッラーであるが、ムハンマドの父もこの名前であった。

イスラーム文化を理解する上で、いくつか重要なポイントがある。その一つは、預言者ムハンマドへの敬愛である。ムスリムとは「ムハンマドを敬愛する人々」と定義してもよいくらい、この特徴は重要である。やたらに男児にムハンマドと命名するところに、彼を尊ぶ思いがよく表れている。識別のためにあるはずの人名に、繰り返し同じ名前をつける理由は、ほかには考えられない。

それほど敬愛されるムハンマドとは、誰であろうか。イスラームとは、神の教えに帰依し、それに従って生きることを意味するが、その「神の教え」をもたらしたのがムハンマドである。ムスリムたちが言う「イスラームの教えという、この上ない恵み」は、ムハンマドを通じてもたらされた。それゆえ、信徒にとって彼は信仰の師であり、人生の模範であり、愛慕の対象であり、その名誉を守るべき貴人とされる。

彼は「預言者」として、その教えをもたらした。イスラームが説く唯一神は、超越的な絶対神で、その姿を見ることはできない。しかし、神は人間に対する特別なメッセージを、媒体となる人間を通して人類に授ける。これが「啓示」というものであり、その啓示を受け取る媒体が「預言者」である。預言とはすなわち、神の言葉を「預かる」ことで、未来を予知する「予言」とは全く概念が違う。このため、イスラームは啓示宗教というカテゴリーに入る。

ムハンマドを「アッラーの使徒」ともいうが、使徒とは、預かった言葉を人々に伝え、宗教を確立する役割を負っている人物である。預言者が広義の用語で、その預言者たちの一部が「預言」に加えて「伝達」の役割をも担う使徒ということになる。

クルアーンには、「無文字（ウンミー）の預言者」という言葉が出てくる。ムハンマドは、同時代人の大多数がそうであったように、読み書きができなかった。当時のアラビア半島では筆記具も少ないし、アラビア語の正書法も確立していなかった。文字を扱うことができたのは、ごく少数の例外的な人間だけであった。

もっとも、イスラームでは、ムハンマドが読み書きできなかったことは積極的に評価されることである。彼は、啓示を預かる媒体である。媒体である以上は、純粋で混じりけがない方がよい、とされる。読み書きができれば、いろいろと他人の言葉を学び、あるいは自分でも書き物をするであろう。啓示とそれらの言葉が混ざらないためには、読み書きできない方が好都合であった。

このことについて、「しかし、思えば不思議なものだ」と、ある碩学が私に語ったことがある。「イスラーム文明は、漢字文明圏と並んで、人類史上最大の書道文化を生んだ。また、近代以前には紙の生産と写本の制作において、他の諸地域を圧倒していた。読み書きできない人物が開祖でありながら、そのような文明が発達したことは、実に玄妙なことと言わざるをえない」。確かに、この感慨にはうなずけるものがある。

ムハンマドの人生を概観すると、あらまし次のようになる。彼は西暦五七〇年頃、由緒正しいアラブ部族の一員として生まれ、孤児として育ち、二五歳の時結婚した。四人の娘の父となったが、四〇歳のとき、大天使の訪問を受けて預言者としての活動を開始した。当時のマッカは多神教の町で、この町を支配する大商人たちは、人間の平等を説く新しい宗教を喜ばず、ムハンマドとその弟子たちを迫害した。そのため、六二二年に北方の町に移住し、ここで最初のイスラーム共同体を創設し、イスラーム国家を樹立した。やがてマッカの多神教を打ちまかし、アラビア半島をほぼ統一し、イスラームを確立して、六三二年に没した。

六三年の人生のうち、預言者として活動したのは約二三年間だけで、この期間に聖典クルアーンが形成された。当時の寿命を考えてみると、新しい宗教を始めるのに四〇歳は決して早くはない。しかも、この教えは人類に対する神からの「最後の啓示」であるという。拙著『ムハンマド――イスラームの源流をたずねて』（山川出版社）でも論じたことであるが、最後の世界宗教を樹立するというミッションを、四〇歳にもなって開始するのはいかにも遅いであろう。彼自身が自分の寿命の間に、かくも巨大なミッションが完成すると予見できたはずもないから、よほど自分を召命した神にすべてをまかせ、信頼するという気持ちが強かったに違いない。これを「帰依」というべきで、それがイスラーム（帰依・服従）という宗教名にも表れている。

クルアーンは聖典として記録されたが、それとは別に、ムハンマドが弟子たちと暮らし、彼らと語りあった言葉を記録したものがある。それをハディースと呼ぶ。「語り」というほどの意味であるが、ふつうは「預言者言行録」と訳する。多くは短い断片的な語りや逸話であるが、優しい寛《ひろ》やかな人柄が伝わってくる逸話も多い。彼はさまざまなことを弟子たちに教えた。

たとえば、ある時彼は「死の病をのぞいて、すべての病には癒しがある」と語った。神は、さまざまな病気を創ったが、命ある限りはどんな病気も直る、と言うのである。それに対して弟子たちが、「シャイフーハ（老化）はどうでしょうか」と尋ねたという。誰もが、いつまでも若くありたいと願うからであろうか。ムハンマドは笑って「老化は病ではなかろう」と答えたようである。

ムハンマドの言行の中でも、常におこなっていた行為をスンナ（慣行）という。クルアーンは「彼

預言者生誕祭の行進（カイロ旧市街）　スーフィー教団は神の神秘を悟り、預言者ムハンマドへの愛を高めることを目的としている。教団の創設者には、ムハンマドの血を引く者も多い。生誕祭にはおそろいの色の旗を掲げ、さまざまな教団が参加する。

〔ムハンマド〕の中には、汝らのためのよき模範がある」と宣言しているが、今日でも、ムスリムたちは彼の慣行に従うことをよしとする。新生児が生まれると、耳元で礼拝の呼びかけの言葉を聞かせるのもスンナである。七日目までに子どもに命名するのも、ムハンマドというような「良い名」で名付けるのもスンナである。人が亡くなると土葬にするのもスンナである。

イスラーム社会の慣例の中には、当人たちは単なる伝統だと思って特に意識していないが、実はムハンマドの慣行に発したしきたりや儀礼が数多くある。逆に、スンナと思っていたが、実はその土地の慣例に過ぎないという場合もある。いずれにしても、イスラーム社会には預言者ムハンマドの存在が色濃く影を落としている。

サラーム

السلام عليكم

アッ=サラーム・アライクム

＊

【平安があなたちの上にありますように】

客にコーヒーを差し出して、もてなす（カイロ旧市街）
サラームの挨拶とティー、コーヒーでの歓待、さらに食事への誘いが、イスラーム的もてなしの基本。

イスラームは現代になって、伝統的なイスラーム地域だけではなく、西ヨーロッパ、南北アメリカなどにも広がった。欧米では新たに入信したその国の人もいるが、外からの移民も多い。彼らがモスクに集まると、さまざまな言語が飛び交うことになる。

たとえば、ロンドンのリージェント・パークに行ってみる。金曜礼拝ともなると、アラブ人、パキスタン人、インド人、マレーシア人、インドネシア人、ナイジェリア人、セネガル人といった多様な人種、多様な言語の人たちが集まってくる。知り合いや友人と見ると、「アッサラーム・アライクム（平安があなたたちの上にありますように）」と挨拶を交わしながら、抱き合っている。「サラーム」は平和、平安を意味する。返礼の言葉は「ワ・アライクムッサラーム」、つまり「そして、あなたたちの上にも平安がありますように」であり、あちこちで「サラーム」と言い合っているのが聞こえる。

「どうしていた？ もう一週間も会ってないじゃないか。心配してたよ」「そっちこそ、電話してくれよ」「あ、そういえば、相談があったんだけど……」などと会話が弾んでいる。アラビア語の「友」の語には「一緒にいる人」の意味がある。預言者ムハンマドの教えでは、たとえ用がなくとも互いに一緒にいることは美徳である。

ロンドン・モスクで大きな体軀の男同士が抱き合い、手を握り合い、頬をすりあわせて再会を喜んでいる姿は、なかなか壮観である。日本は身体接触の少ない文化圏に属するので、その目から見ると、驚くほど直接的に親しさを表現している。筆者も留学したての頃は、男性同士で抱き合うことには抵抗があったが、慣れてみると、直接的な親愛表現もなかなかいいものに思える。女性同士でももちろん、この挨拶をして、互いに抱擁し合う。

たとえ言語が通じなくとも、ムスリム同士は「サラームの挨拶」だけは通じる。それが通じれば、同じ世界共同体に属していることがわかる。互いに相手に平安を願う挨拶の言葉は、他人が出会ったときの挨拶として、とても麗しいものであろう。イスラーム世界とはどこですか、と問うた場合、「サラームの挨拶が通じる地域です」と答えることもできる。

このアラビア語の挨拶は、イスラームの広がりと共に、アラブ圏を越えて各地に伝わった。ムスリムの共通の挨拶として、東南アジアでも西アフリカでも、あるいは欧米でさえも使われる言葉になったのである。イスラーム世界の一体性を示すという点では、何よりも鮮明な例である。

なぜ、サラームの挨拶がイスラーム世界のいたるところで使われるのであろうか。イスラームの教えが広がったという一般論だけでは、誰もが正確に同じ表現を使って挨拶を交わすことは説明がつかない。この背景にあるイスラーム法の存在を考えてみたい。

イスラーム法は「法」の語がついているが、私たちがふつうに理解している法律よりもはるかに範囲が広い。それは、果ては宇宙の原理（唯一神の実在と宇宙の創造）から社会哲学や倫理、道徳律まで含み、さらに日常の生活規範から礼儀作法までも司る。その中間に一般的な法の領域があるが、そこでは憲法的規定から、民法、刑法、訴訟法など、社会生活に関わるすべての法規が内包されている。となると、「何でもあり」というように聞こえるが、まさに「包括性」こそがイスラーム法の特徴であるとされる。

イスラームはもともと宗教であるから、人間の生き方を導くことに関心がある。すべての場合において、生活と行動の指針を与えることを目的としている。イスラーム法はアラビア語で「シャリーア」と呼ばれるが、これは元来「水場に至る道」を意味する。アラビア半島の乾燥地帯において、水場に至る道がわからなければ、じきに生命が尽きてしまうであろう。人が生きるのに不可欠な道を水場への道になぞらえるのは、言い得て妙である。

聖典クルアーンの中には、「それぞれの預言者に、神は法と道を定めた」と述べられている。ムハンマドに授けられた法がイスラームのシャリーアである。とはいえ、クルアーンの中には、細かな法規定はそれほど書かれていない。ガイドラインに相当するような概論が多いのである。そこから細かな法規定を導き出すのは、法の解釈をおこなう法学者の仕事であった。

法学者たちは、人間の行為を五つのカテゴリーに分け、いつの場合でも、どの行為がどれに入るかを詳細に検討する。このカテゴリーは「法規定の五範疇」と呼ばれている。簡単に言えば、してもよいこと、してはならないこと、すべきことを分類したものである。

たとえば、日に五回の礼拝は、信徒の「義務」とされる。義務行為は、ちゃんとおこなうと、来世で神の報奨を得られるような大事な行いである。しかも義務なので、怠ると罰の対象となる。義務の正反対は「禁止」である。たとえば、飲酒は禁じられている。禁じられた行為は、禁止の教えを守って避ければ報奨の対象、やってしまった場合は罰の対象となる。義務より弱いのが「推奨」行為である。やるよう奨励されるが、ちゃんとおこなうと報奨の対象となるものの、義務行為と違って怠けても咎めはない。たとえば、道路に危険物が落ちていたら、脇にどけるのは推奨行為とされる。推奨の反対が「忌避」行為で、やらないことが奨励されているが、やってしまっても咎めはない。喫煙がこれに当たるという人もいる。つまり、身体に害があるので忌避すべきだが、禁止ではないので吸ってもかまわない。最後の五番目のカテゴリーは「許容」あるいは「任意」行為と言われる。許されているから、してもよいし、しなくてもよい。当人の判断次第なので「任意」というわけである。

たとえば、飲酒は禁じられているが、水を飲むことは、許された任意行為である。飲まなければいけない義務もないので、いつ飲んでも飲まなくても本人の自由である。ただし、このような規定は状況によって変化することもある。水といえども、断食中であれば飲むことは禁じられている。逆に、断食を終える刻限がきたとき、水を飲んで断食を破ることが推奨行為となっている。また、水を飲むにしても、他人の水を盗むことは禁じられている。では、喉の渇きで死にそうなときに、誰かのかわからない水がそこに置いてあったらどうするか。その場合は、飲んでも許される。生命の尊さが優先されるからである。

このような細かいことを聞くと、いかにも戒律がうるさいように聞こえるかもしれない。細かな規定をムスリムはいつでも気にして暮らしているのであろうか。実際には、イスラーム法の規則は生活の中に溶けこんでおり、生まれたときから少しずつ身体化して、ムスリムにとっては自然なものとなっている。日本の社会の中で、身に付いた礼儀が自然と出てくるのと同じであろう。

日本の場合と違うのは、イスラーム法の規定が国境を越えて広がっているという点である。民族や言語が違っても、イスラームである限り、同じルールに依っている。スタンダードが決まっているという点から言えば、一七億人の間に同じ基準があって、互いに価値観を共有しているというメリットがある。

エジプト人のある友人は「イスラームは人類すべてのための教えだから、どこでも同じ法、同じ戒律ということが大事」と力説する。彼も、非ムスリムから「戒律が厳しいのでは?」という質問を受けるという。それに対しては「サッカーのルールと同じです」とたとえを用いるのが、サッカー好きの彼の

リージェント・パークのロンドン・モスク（内部）　欧米にあるモスクでは、現地での改宗者やその二世、ビジネスで滞在する人、移民、外交官、留学生などが集まり、イスラーム世界の国際色を映し出す交流がおこなわれている。

返答である。「サッカーは共通のルールがあるから、世界中でプレーできます。ルールが国によって違ったり、厳しさがいろいろだったら、サッカーは成り立たないでしょう。普遍的な法は、どこでもきちんと適用されるのがメリットだと思う」という。

さて、「サラームの挨拶」である。ある日、法学書にその規定を見つけた。人と出会ったら、「平安があなたたちの上にありますように」と挨拶するのが、推奨行為だとある。義務ではなく、人としてすべきよい行為とされる。表現も「アッサラーム・アライクム」が推奨される。これに対して返礼は、義務である。挨拶をされたならば、きちんと答礼するのが、人としての務めだというのである。相手から平安の挨拶があれば、信徒は誰でも、「あなたたちの上にも、平安がありますように」と返答する。

ウラマー

العلماء

アル=ウラマー

＊

【学者】

アズハル・ウラマー会議の年次大会（カイロ）
アズハル機構はイスラームの権威となるアカデミーを擁し、小中高〜大学の一貫教育システムを運営している。

エジプトの首都カイロは、近代に発展した新市街と歴史的な旧市街があり、旧市街の中には歴史的なモスクや学院とならんで、老舗のカフェがある。「カフェ」という言葉そのものがアラビア語の「カフワ」（コーヒー）に由来することからもわかるように、カイロはカフェ文化の発祥地の一つである。由緒あるカフェで、濃くて熱いコーヒーをすすっていると、時間がゆったりと流れていくのを肌で感じる。日々の忙しさを忘れる至福の時がある。

ふと隣を見ると、近くの学院で講義を終えたイスラーム法学者が、ミント・ティーを飲みながら、靴を磨いてもらっている。靴磨きがせっせと働きながら、その学者に問いかけている。

「先生ね、この間、姪っ子が婚約したんですけど、破約になってしまいましてね」

「それは、残念だな」

「で、相手の男が贈り物を返せって言うんですよ」

「何をもらったんだ?」

「金の腕輪なんですけど」

「それは、返さんといかんな。約束は破棄されたわけだから、財貨は返却するものだ」

「やっぱり、そうですかね。さ、磨き終わりましたよ」

新市街のモダンなカフェでは、こんな会話に出会うことはない。イスラーム法学の専門家と靴磨きがおしゃべりし、イスラーム法の規定が話題になるのも、旧市街ならではの風景と言える。

イスラーム諸学に習熟した人々を総称して「ウラマー」という。「知識を持つ者」「知者」を表す「アーリム」の複数形であるが、カフェに座っていた法学者も、その一人である。イスラーム諸学にはいくつかの学問領域があるが、イスラーム法学には、社会生活や信徒の暮らしの隅々まで司る規定と教えが含まれている。したがって、法学は社会的需要も大きく、イスラーム学者の中でも法学者の数が一番多い。おおまかに言って、ウラマーの八割方は法学者ではないだろうか。靴磨きが質問をしていたように、一般信徒が法学者たちにイスラームの教えについて聞くことは多い。

法学者以外でウラマーと言えば、聖典クルアーンの内容を解釈するタフスィール（啓典解釈学）の専門家、預言者ムハンマドの言行録（ハディース）を取り扱う学者などがいる。聖典の解釈は、必ずしも日常生活に関わるわけではないが、聖典であるだけに信徒もその内容に興味を持ち、モスクでの講義に耳を傾けることも多い。預言者ムハンマドが何を語ったかということも、重要性を持っている。

意外に社会的需要が低いのが、神学者である。イスラームの信仰箇条の体系はかなり単純で、神学者がいちいち教えを説くというようにはなっていない。神学者は数も少ない。これは他の宗教と比べて、イスラームの特徴と言うべきかもしれない。

イスラームの誕生まもない西暦七〜八世紀には、まだ、イスラームの教えは細かな学問体系に分かれていなかったため、ウラマーも専門領域が分化していなかった。九〜一〇世紀頃に体系化が進み、その担い手がウラマーという明確な社会集団として成立した。特に、一一世紀には学院制度が確立し、知識伝授と教育のシステムが発展した。それ以前にもそれ以後にも、ウラマーおよびその卵たちは、優れた師匠を求めて、各地を訪ね歩いて暮らしていた。ウラマーの伝記を読むと、北アフリカ、西アジア、中央アジアのあたりをしきりと移動し、知識を集積する旅を続ける姿が浮かび上がってくる。

中には、地方の村に隠遁して、そこまで訪ねないと会えない学者もいるが、多くのウラマーは、学院や他の学者が集まっている都市にいる。ウラマーの遊学も、それらの都市をめぐるのが普通であった。今日でも名高い大都市をあげれば、バグダード、ダマスカス、カイロなどがあるし、世界各地から巡礼者の集まるマッカ、マディーナも、ウラマーが交誼を結ぶ場所であった。

今では、無名の地となってしまったウラマー都市もある。たとえば、イエメンのザビードがそうである。この町はアラビア半島の南端近くにあり、一六世紀くらいには法学の中心地として大いに栄え、ここから法学の知識がインド洋を越えて東南アジアまで渡っていった。最盛期には、何百ものモスクと学院があったという。しかし、私が訪れたザビードは、かつての繁栄が信じられないような小さな町であった。そこで栄えたイスラーム法学は、その後カイロに移って今日に伝わっている。

法学者たちは、師弟の結びつき、各地の学院と遊学が生み出すネットワークなどを通じて、法学派を形成した。イスラームには教会組織や僧団はないが、代わりに法学派のネットワークがイスラーム世界全体を支える働きをする。法学派は、かつては種々存在したが、互いに切磋琢磨しながら発展する中で、次第に数が絞られてきた。今日では、スンナ派の四つの法学派、シーア派の二つの法学派が、イスラーム世界のほとんどをおおっている。ほかにも一、二のマイナーな学派があるが、人口数で言うならば、六つの法学派でイスラーム人口のほぼ九九パーセントが包摂されている。

今日のイスラーム諸国はおよそ六〇あるので、仮に平均値を出すとするならば、一つの法学派につき一〇か国となる。つまり、その一〇か国はイスラーム法に関する限り、全く同じ法学派に属しており、近代的な国内法はともかく、イスラームの教えという点では隣国との間で違いがない。これは、よく考えると不思議な状態である。

たとえば、東南アジアであれば、インドネシア、マレーシア、ブルネイ、フィリピン南部、タイ南部などは、いずれもシャーフィイー学派に帰属し、これらの地域で法学者と言えば、この学派の法学を身につけた専門家である。北アフリカから西アフリカにかけては、マーリク学派が一手に引き受けている。中央アジア、南アジア、トルコなどは、ハナフィー学派が圧倒的なシェアを誇っている。エジプトにはこれらの三学派とハンバル学派があるが、このように複数の学派が共存する状態の方が珍しい。たいていは地域や国で一つの法学派が伸張すると、次第にその学派が優勢になることが多い。

シーア派の場合は、ジャアファル学派が主流であるが、この学派もシーア派の中では圧倒的なシェアを誇っている。中東を見ると、イラン、イラク、クウェート、レバノンなどにシーア派住民が暮らしているが、いずれもジャアファル学派に属している。そのネットワークの強さを考えると、地図の上ではイランとか、イラクとか区分けされているが、実は国境を越えた付き合いがあることがわかる。

さて、六つの法学派の間には、どれほどの違いがあるものであろうか。酒の禁止、毎日五回の礼拝の義務など、イスラームの基本を見ると、ほとんど違いは見いだせない。断食や巡礼の義務でも、同じである。しかし、細かなことになると差異はある。具体例をあげれば、巡礼の最中に、直射日光を避けるために日傘を差してよいか否か。ジャアファル学派では、いけない、という。この学派では、バスの屋根も日傘と同じ扱いなので、巡礼者たちはバスの上に座って（！）移動することになる。

しかし、このような違いは伝統的な法学の問題であり、さほどの争点ではない。今日、法学者や信徒たちが頭を悩ませるような主題として、たとえば、「イスラーム銀行」の項で触れる利子の禁止の問題がある。利子の禁止を守りつつ、現代的な金融機関を作るとしたら、どうすればよいのか。あるいは、近年白熱した議論を呼んでいる臓器移植の問題。遺体の尊厳と生命の価値の間において、イスラームは

モスクで一般信徒に講義をするアズハル総長タンターウィー師（在職 1996〜2010 年。2010 年没）　アズハル総長は世界最大級のウラマー集団のトップである一方、このように一般市民に向けた講義をおこなって、信徒の日常の関心事にも応える。

臓器移植をどう考えるべきなのか。あるいは、圧政と戦うためなら自爆攻撃は許されるのか否か、というような武装闘争やテロの問題。このような現代的問題群では、答えはそう簡単には出ない。

しかし、その現代性が共通の課題を生むため、これらの問題については、法学派の違いは背景に退く。そのため、イスラーム諸国やその国際協力の下で、最近はウラマーたちが先端的な諸問題を論議するための法学アカデミーがあちこちに創設されている。個々の法学者の専門性や解釈能力を結集して、ウンマ全体に役立てようという発想である。そのような新しい活躍の場を得て、異なる法学派に属する専門家たちが、互いの知識と見解を披露しながら大いに論議しているのが、現在のウラマーの姿なのである。

ウンマ

الأمّة الإسلاميّة

アル=ウンマ・アル=イスラーミーヤ

＊

【イスラーム共同体】

200年以上の歴史を持つコーヒーハウス（カイロ旧市街）　ここにはウラマー、一般信徒、作家・詩人などが集い、ツーリストも訪れる名所となっている。

今から思い出すとずいぶん前になるが、ある悲劇的事件が鮮烈な記憶となって残っている。その日（二〇〇四年三月二二日）、パレスチナのガザ地区でのことであった。早朝の礼拝を終えて、モスクから自宅に帰ろうとしたアフマド・ヤースィーン師が、イスラエル軍のミサイル攻撃で殺害されたのである。当時六八歳の彼は全身麻痺の身障者となっていたが、現場にはひしゃげた車椅子の車輪が残された。

ヤースィーン師（日本の新聞ではヤシン師と表記）は、パレスチナのイスラーム抵抗運動、略称「ハマース」（「熱情」の意）の創設者である。イスラエル側の論理では、イスラエルに対して自爆攻撃などをしかけるハマースは「テロ組織」であり、その精神的指導者は殺害に値することになる。ハマースの側では、ガザ地区も含めてイスラエル軍の占領が続いており、レジスタンスは自分たちの権利を守る当然の闘い、ということになる。

ヤースィーン師の殺害は、パレスチナ人を悲しみと怒りでおおった。それはハマース支持者に限らなかった。彼は敬虔な人物、よき家庭人（子供と孫がたくさんいる）として、大きな尊敬を集めていたからである。同じような敬意が、広くイスラーム世界に共有されてきた。彼が殺害された週の金曜日には、アラブ諸国をはじめ、遠くマレーシアやインドネシアなどのモスクでも、彼の死を悼む「葬儀の礼拝」がおこなわれた。

葬儀の礼拝がどのくらい広域でおこなわれるかは、その人物に対する評価を物語る。そして、その葬儀のおこなわれる範囲こそ、世界的なイスラーム共同体（ウンマ）の領域であると言える。

イスラーム世界では著名な人が亡くなると、各国で葬儀の礼拝がなされるが、これは少し不思議な現象である。たとえばパレスチナ人の死を、ナイジェリアやインドで悼むというのも不思議であるが、それ以上に、葬儀の礼拝が当事者たちのいない各地でも催される点が、なかなか理解しにくい。

「礼拝」というと、イスラームでは床に額をつけて、唯一神への帰依を表す儀礼が有名である。しかし、「葬儀の礼拝」の場合、死者のための祈りなので、頭を下げることも額を床につけることもしない。全員が立ったまま、死者の冥福を願い、すべての信徒のために神の導きを祈る。その所要時間も、わずか三、四分である。

遺体の置かれたモスクでは、死者の傍らで、この礼拝を捧げる。それ以外のモスクでは、「不在者の葬儀」と言って遺体のない葬儀の礼拝を捧げる。各地でおこなわれるのは、この「不在者の葬儀」である。不在者の葬儀は、いずれの土地でも、どこの誰に対しておこなってもかまわない。たとえば、旅行中に家族の訃報に接して、その土地のモスクで、はるか遠くにいる死者のために葬儀の礼拝をお願いすることもできる。お願いされれば、皆が、見知らぬ人のために冥福を祈る。

たとえ個人的には見知らぬ人でも、イスラームの教えによれば「信徒たちはすべて兄弟・姉妹」であるから、その冥福を祈るのは当然の務めとなる。この「兄弟・姉妹」が形成している共同体を、アラビア語で「ウンマ」と呼ぶ。聖典クルアーンの言葉によれば、「これは汝らのウンマ、単一のウンマである。そして、われ［アッラー］は汝らの主である」。つまり、同じ唯一の神を信仰することで共同体をつくっているという認識がそこにある。

ウンマが単一であるという想念は、古今のイスラーム世界に共通している。聖典に「単一」と述べられているだけではなく、イスラーム思想のテキストを古典的な時代から現代まで俯瞰しても、「ウンマが二つあってもよい」という主張は一つも存在しない。

イスラーム世界に何らかの一体性なり、共通のアイデンティティがあるとすれば、それはこの「単一のウンマ」という考え方に依っている。イスラームを理解するための鍵概念はいくつもあるが、「ウンマ」はもっとも重要な概念の一つであろう。

一九六九年に第一回が開催されたイスラーム首脳会議も、イスラーム諸国の首脳たちが「ウンマの諸事」を話し合うために、始められた。実は、ウンマの協議体は、これ以前には存在しなかった。昔は、オスマン帝国のように、イスラーム世界を代表するような大王朝があり、それが政治的にウンマを代弁するものと考えられていたからである。ところが、二〇世紀に入って、イスラーム世界は数多くの主権国家へと分かれてしまった。それらの国々の君主、大統領、首相が集まってウンマを代表するという方式は、非常に新しいやり方である。

六九年になって、ようやくそのようなイスラーム諸国の会議が開催された背景には、六七年にイスラエルによって東エルサレムが占領された衝撃がある。エルサレムは、イスラームにとってはマッカ、マディーナに次ぐ第三の聖地である。しかも、この都はキリスト教、ユダヤ教とも共通の聖都で、一九世紀までのイスラーム時代には共存がよく保たれていた。それがイスラーム世界の弱体化によって紛争の焦点となり、とうとうイスラエルに軍事的に占領されることになったのである。世界中のムスリムにとって、非常にショッキングな現実であった。当時、これは「ウンマにとって最大級の危機」と論じられた。

イスラーム世界の中では、今日でも、パレスチナ問題への関心が高く、パレスチナ人への連帯意識も強い。それには、このような歴史的背景がある。イスラーム首脳会議は、エルサレム問題に対処し、イスラーム諸国の共通の課題に取り組むために、イスラーム諸国会議機構（ＯＩＣ）を設立した。同機構は一九七一年に本格的に始動し、現在では五七か国をメンバーとしている。二〇一一年には責務をいっそう明らかにするために、イスラーム協力会議と改称したが、略称にすればＯＩＣで、これは変わっていない。機構内に設置されたエルサレム委員会は、国際法から見て違法とされる占領の早期終了、交渉による東エルサレムの返還などを半世紀にわたって訴えてきた（なお、聖地としてのエルサレムとは東エルサレムを指す。西エルサレムは近代の新市街地）。

また、この機構は、二〇世紀の終わりには、「ウンマを二一世紀に備えるための委員会」を設置して、各国の協力を推進しようとした。グローバル化の波に呑み込まれて、必ずしも成果はあがっていないが、「イスラーム諸国間の貿易の拡大」「職業訓練教育の拡充」などの目標を見ると、彼らが何を「ウンマの課題」としたか、うかがうことができる。全メンバーが途上国なだけに、いかに生活水準を向上させ、教育水準を高めるかに大きな関心がある。

実態をみれば、ウンマは数多くの国に分かれているし、経済協力を推進していると言っても、欧米や日本との貿易の方がはるかに多い。それでもウンマに一体感があることには、いくつか理由がある。一つは、シャリーアの共通性である。たとえば礼拝や断食の義務を見ても、結婚契約の条件を見ても、同じ規定がウンマの隅々までいきわたっている。

もう一つは、ウンマの中にコンセンサス形成の機能が存在することである。そこには、キリスト教の教会のような制度は全く存在せず、どこかの公会議で決定するというような仕組みもない。にもかかわらず、さまざまな議論がなされているうちに、次第に合意ができあがっていくようになっている。

なぜ、明示的な制度もないのに、コンセンサスが形成されうるのか。その最大の理由は、聖典クルア

黄金に輝く「岩のドーム」(エルサレム)　マッカ、マディーナに次ぐ第三の聖地にあるイスラーム建築の代表作の１つ。この中の岩から、かつてムハンマドが天をめぐる旅に発ったとされる。ウンマにとって、このドームがパレスチナの象徴となっている。

ーンが共有されている点にある。イスラーム的な議論では、誰もが自説を主張するときは、聖典に照らして正しいとか正統な解釈であると述べるが、聖典に外典や異本がないため、同じ典拠が参照される結果となる。つまり、議論が煮詰まって合意に至る以前に、まず、議論をする共通の土台が存在するということであろう。しかも、アラビア語のテキストは七世紀以来ずっと同じであるため、解釈もそれなりのコンセンサスが得やすい。

このあたりの事情について、二〇世紀初めに活躍したあるイスラーム思想家は、「このウンマは、唯一の神、たった一人の預言者〔ムハンマド〕、単一の聖典を共有している」と表現した。二〇世紀には各地でイスラーム復興が起こったが、それもまさに、「ウンマ復興」をめざす運動であった。

スンナ派とシーア派

أهل السنّة والجماعة وأهل الشيعة

アフル・アッ=スンナ・ワ・アル=ジャマーア・ワ・アフル・アッ=シーア

＊

【預言者慣行と団結の民とシーアの民】

フサイン・モスクの廟内（カイロ旧市街）　預言者ムハンマドの孫フサインは680年の殉教の後、やがて首級がカイロに運ばれ、ここに埋葬されたとされる。毎年生誕祭が祝われ、重要な参詣地となっている。

ナイル・デルタには豊かな緑が繁り、広がる畑が大地の恵みを感じさせる。その中の農業道路を通るたびに「エジプトはナイルの賜物」という言葉を思い出す。そんなある日、街道の休憩場所で居合わせた農民たちと、何かの拍子にイスラームの話になった。

若者に「あなたはスンナ派ですよね」と聞くと、けげんな顔をして、「私はムスリムだ」と答える。「エジプトのムスリムは、みなスンナ派ではないですか」とたたみかけると、もう一人の中年の男性がうなずいた。若者は、そうか、という顔をする。

「法学派は？」と聞くと、これは中年の男性もわからない。スンナ派には四つの法学派があり、信徒はそのどれかに帰属していることになっている。エジプトでは四つのうち、ハナフィー学派、シャーフィイー学派が多い。どれにも帰属しないでスンナ派というわけにはいかない。しかし、二人とも、自分の法学派が何か知らなかった。

後日この話をカイロの法学者にしたところ、「別に不思議なことではない」と、笑って答えた。「一般信徒の学派とは彼が質問をする法学者の学派、という格言があるようにね」。つまり、何か疑問があれば、信徒は行きつけのモスクのイマームに質問すればよい。そのときに、イマームにいちいち、どの学派に立脚した回答なのか、尋ねる必要はない。正しいイスラームの教え、というだけで十分なのである。

もちろん、一般信徒でも知識のある者は、スンナ派や法学派の存在について知っている。しかし、そのようなことを口にする人はごくわずかである。エジプトの場合、人口の九割がムスリムで、そのすべてがスンナ派である。このような国では、「スンナ派は…」などと語る人はいない。誰もが「イスラームは…」と言う。スンナ派はイスラーム世界の九割を占めているから、彼らにとってはスンナ派の信条はイスラームそのもののことである。

これに対して、シーア派の場合は、自分たちが少数派であるという意識が強いため、スンナ派よりは自派について自覚がある。しかし、よく考えてみると「シーア派が少数派」というのも、世界的な規模で語った場合のことである。全世界に一七億人のムスリムがいて、その一割だけがシーア派であるという。しかし、地域的にみれば、イランやアゼルバイジャンでは国民の大半がシーア派に属する。そのようなところでは、イスラームとはシーア派の教えのことで、そうでないものを探す方がむずかしい。

シーア派とスンナ派の違いは、何であろうか。この問題は、歴史的には預言者ムハンマドの後継者選びに端を発する。シーア派の人々は自分たちを「預言者の一族の学派」などと呼ぶが、これは、もともとシーア派が預言者ムハンマドの後継者として、その子孫を立てようとしたことに由来する。

ムハンマドが亡くなったとき、誰をウンマの長とするべきか、明確な遺言はなかった。誰が後継者にふさわしいか、弟子たちの間にいくつかの意見があったが、結局アブー・バクルという高弟がその地位に就き、ハリーファと名乗った。この語は「後継者」または「代理人」を意味する。日本では西欧語経由で「カリフ」として知られている。「預言者」という存在はムハンマドをもって終結するのがイスラームの教義であるから、カリフは単に共同体の長としての彼の「後継者」であるか、預言者ではなくその「代理人」にすぎない、ということを意味する。

このとき、ムハンマドの従弟で娘婿のアリーこそが後継者にふさわしい、と考えた人たちがいた。しかし、大勢がアブー・バクルの選出で決したため、そのままになった。アリーの支持者は、アブー・バクルの後任こそはアリーがなるべきと思ったようであるが、第二代カリフには、別の高弟ウマルが就任した。ウマルは死の直前に後継者候補を複数指名したが、その中にアリーも含まれていた。しかし、候補者間の話し合いの結果、アリーではなく、ウスマーンが第三代カリフとなった。彼の死後、ようやくアリーが第四代カリフの座に就いた。アリーの支持者からすれば、待ちに待った遅すぎる就任ということになる。

後に彼らは「アリーの党派（シーア）」として、シーア派と呼ばれ、三代の後継者たちがアリーの本来の地位を簒奪したという主張をするようになる。「簒奪」とまで言うのは、いささかイデオロギー的な主張であろう。アリーは確かにムハンマドに愛されていたし、彼の娘婿でもあった。しかし、アブー・バクルとウマルはそれぞれ娘がムハンマドの妻となっていたし、ウスマーンもムハンマドの娘婿であった（しかも、最初の妻が亡くなったあと、もう一人の娘とも結婚した）。四人はいずれもムハンマドに非常に近い高弟であり、姻戚関係を結んでいたのである。

アリーが亡くなったあとも、後継者問題は続いたが、いずれにしても、アリーの子孫の誰かを指導者とする人々がシーア派として分派し、「その他大勢」がやがて多数派としてスンナ派を形成することになった。

この対立には、どのような意味があるのであろうか。ムハンマドへの愛・追慕というイスラームの根本教義から、これを理解することができる。イスラームとは、唯一神アッラーを認めるとともに、ムハンマドを預言者と認め、その指示に喜んで従うことである。初期の信徒とはいわば「ムハンマド大好き人間」の大集団であった。ところが、ムハンマドは寿命を全うして、この世を去る。彼を愛し、命をかけて従っていた人たちは、みな大ショックを受けたであろう。しかし、ショックから立ち直る方向は二つに分かれたと思われる。そのとき、「あんな素晴らしい方に代わりはありえない」と感じた人と、「あの方がいないなんて耐えられない」と感じた人がいたのであろう。前者は、「だから、預言者のスンナを守って生きよう」という立場に発展し、後者は「でも、預言者の愛しい子孫たちがいる、彼らを推挙しよう」という立場に発展した。すなわち、スンナ派とシーア派である。

もう一つ付け加えれば、スンナ派は正式には「スンナ（慣行）とジャマーア（全体）の民」という。「ジャマーア」とは、特定の主張に固執せず、全体の団結を大事にすることを意味する。スンナ派が多数派になったのは、単なる偶然ではなく、多数派に結集しようと主張した結果である。

しかし、いずれにしても、これらのすべては大昔のことである。ムハンマドの後継者選びは七世紀のことであるし、スンナ派とシーア派の立場が固まってから、すでに千年以上が過ぎている。確かに、起源をめぐる物語は、宗教教育の中で現代にまで伝わっているし、両派の違いを起源で説明するのはわかりやすい。だからといって、現代について起源のみで語ってよいわけではない。それは、いわば現代日本を、いちいち大和朝廷から説明するのに似ている。

スンナ派とシーア派が混在する国では、相互の違いが強調されがちである。実際、イラクやレバノンといった国では、エジプトとは違って、自分たちがスンナ派やシーア派に帰属するという意識を持っている。しかし、「スンナ派」「シーア派」という言い方は、単なる「出身」を示すに過ぎない場合も多い。シーア派の一家に生まれたとしても、長じて共産主義者になった場合、その人物は「シーア派」なのであろうか。実際、二〇世紀の半ばを見ると、イラクでもレバノンでも、政治意識の高いシーア派出身の若者たちは、急進的な民族主義や社会主義の運動に次々と身を投じていた。有名なウラマーの息子が共産主義者になることさえあった。

スンナ派でも、似たようなものである。二〇世紀には民族主義、社会主義、世俗主義が勃興した。二〇世紀後半にイスラーム復興が起こったのは、それに対する反作用であった。したがって、今日さかんになっているスンナ派、シーア派の政治運動は、昔の物語よりも現代の課題に関心がある。

たとえば、一九八二年のイスラエル軍のレバノン侵攻では、それに対抗して、スンナ派とシーア派のゲリラが共同戦線を形成した。逆に、二〇〇三年のイラク戦争後のイラクでは、政府の役職が宗派に割り当てられ、首相職を握ったシーア派が政治の実権を掌握することになったため、政争がスンナ派・シーア派の対立に転化した。「スンナ派」や「シーア派」の意味するものも、時代とともに大きく変化している。

フサイン殉教を悼むシーア派（テヘラン）　若者たちが我が身を打って、カルバラーの悲劇（フサイン殉教）に駆けつけられなかった無念を追体験する。フサイン生誕を素直に祝うスンナ派とは異なる情念が発露され、イスラーム革命の原動力ともなった。

スーフィー教団

طريقة صوفيّة

タリーカ・スーフィーヤ

＊

【スーフィー教団】

ハーフィズ・ティジャーニー師（写真中央。1978年没）**とその高弟たち**　イスラーム学の当代きっての碩学かつ神秘主義教団の長という珍しい存在であった。

広場にあふれた人波が、大きく揺れる。カイロの旧市街にあるフサイン・モスク前の広場に、数多くの旗がたなびき、人びとが次々と広場に入ってくる。人びとは、口々に唯一神アッラーの名を唱え、預言者ムハンマドを称えていた。

その日は、預言者ムハンマドの生誕祭であった。イスラームの開祖ムハンマドは、西暦五七〇年、太陰暦の第三月一二日に生まれたとされる。その日には、ムスリムの多くが彼の生誕を祝う。

フサイン・モスクに集まってきているのは、スーフィー教団と呼ばれる団体の人びとである。教団は数多くあり、それぞれ教団ごとに整列し、各教団の名が書かれた幟《のぼり》をかかげて、広場に向かって行進してくる。その周りには、一般の老若男女もたくさんいる。教団と一緒に参詣する人びと、教団の行進を見物に来ている人びともいれば、生誕祭という祭りを楽しむ人びともいる。

街には、臨時のテントで営業する菓子屋がいくつも軒を並べて、人形や船など子どもの喜びそうな形をした砂糖菓子を売っている。いつからの習慣なのか、生誕祭には、はでやかな女性の形をした砂糖菓子がつきものとなっている。

スーフィー教団という言葉は、「スーフ」（羊毛）にちなむ。かつて、修行をする人びとが粗末な羊皮をまとっていたことに由来するという。もっとも、牧畜に縁遠い日本人の感覚からすると、羊毛や羊皮が、なぜ粗末な衣服ということになるのか、わかりにくい。

イスラームには羊を犠牲にほふる行事があるが、その肉は貧しい人びとに分け与えられる。肉を取ったあとの羊の皮も与えられる。それをそのまま衣服にするのは、貧しい印であろう。絨毯《じゅうたん》を持たない人は、羊の皮をそのまま礼拝用の敷物にも使う。

そんなわけで、富を求めず、質素な暮らしをしながら修行に励み、神を想って暮らす人びとが、スーフの人びと＝スーフィーと呼ばれるようになった。英語では、この語にイズムを付けて「スーフィズム」と呼び、イスラーム神秘主義を指すものとしている。

生誕祭の日は、フサイン・モスクの近所に教団のテントが立ち並び、そこでは、教団の団員たちが夜を徹して、唱名をおこなう。これは、アッラーの名を唱え続ける行である。アッラーは唯一神であるが、同時に数多くの「美称」を持っている。「創造者」「慈悲者」「永生者」「全能者」といった名称である。彼らはそれらの名を唱えるが、どれを唱えるかは教団によって異なる。

「アッラー」「アッラー」と連呼しながら、整列した団員たちが身体をリズミカルに揺さぶり、次第に無我の境地に入っていく。全員が同じリズムで動いているうちに、恍惚としてくるさまは不思議である。リズムを整えるために平たい太鼓を鳴らす係がいる教団もあれば、楽器を一切使わず、手拍子で音頭を取っている教団もある。

忘我の境地に入っていくと、やがて自分という意識が消え、ついには、神だけが実在する境地に達するという。生誕祭の三、四時間の行だけで、そのような最高の境地に入るわけではないにしても、とにかく、己を忘れて神を想うのがこの行の趣旨である。「神秘主義」という言葉は、何やらオカルト的な雰囲気もあるが、本来は、無我の境地で神と合一しようとする考え方を指す。

人の内面の境地は外からは調べようもないが、教団の教本の中には修業によって達すべき境地に触れているものもある。フサイン・モスクの広場で我を忘れて、「アッラー」「アッラー」と唱えている人びとが、この行をしながら、ある種の幸せを味わっていることだけはわかる。

神との合一、などと言うと仰々しいが、いずれにしても悟りを開くのはごく一部の人だけであろう。実際、それぞれの教団を見ると、団長の周りに古参の弟子たちがいて、深い理解を持っているのは彼らだけのように見えることが多い。座禅を組めば誰でも悟れるわけではないのと同じように、教団に入っただけで、「自我の滅却」や「神との合一」が達成できるわけもない。

知人のファトヒー氏にこの点を聞いてみたことがある。彼はある教団で、団長の書記を長らく務めていた。彼の言い分によれば、「聖典クルアーンにも、『汝らにできる範囲で、アッラーを畏れよ』とありますからね。それぞれにわかる水準に合わせて、努力すればいいのです。私たちの師（団長）も、弟子の程度に合わせて、指導してくださるのです」ということであった。

見たところ、多くの教団員にとって、もっと現実的で大事なことは、自分に教えを授けてくれる師を見つけること、そして、他の弟子たちと教団の中で助け合うことである。イスラームは、信徒たちのすべてが兄弟である、と言う。それは、生活のさまざまな面で実践されている。しかし、エジプトや多くのアラブ諸国では、国民のほとんどがムスリムであり、信徒がみな兄弟といっても、それは国民全体に薄く広がっていることになる。

ところが、教団に入ると、もっと濃密で個人的なケアがなされる。兄弟・同胞としての助け合いも、イスラーム一般よりも、さらに深く、細やかである。教団が大きくなると、弟子も何千人、場合によっては何万人という規模になる。そうなると、団長が個人的に指導することはできなくなるが、その代わり、さまざまな役割を古参の弟子たちが分け合い、末端の弟子たちの面倒をちゃんと見ることができるように、気を配り、手配をする。

このような教団のコミュニティ・サービスは、多くの信徒が教団に加わる大きな誘因となっている。フサイン・モスクの生誕祭をめざして地方から初めて上京する人にしても、自分の教団の人たちと一緒にいる限り、道に迷う心配も、カイロで寝所や食にあぶれる心配もない。

ちなみに、預言者生誕祭がフサイン・モスクで開催されるのは、フサインがムハンマドの孫であると同時に、聖者とみなされているからである。イスラーム世界の聖者は神に近い人、特に、信仰心によって神に近づくことができた人、とされる。スーフィー教団では、厳しい修行をおこなって、忘我の境地をめざすが、それによって悟りを開いた人たちも聖者となる。ふつうは、それぞれの教団の創設者や歴代の団長は聖者とみなされているし、現団長を聖者と思って慕っている団員も多い。

聖者は、修行や篤信などで精神的な高みに達する以上、決して、血統によって聖人になるわけではない。しかし、預言者ムハンマドを父祖とする家系の人びとはその誉れに恥じない生き方をするという社会的な期待と了解もある。そのことも合わさってムハンマドの血統が尊ばれる面があり、その血を引いた人が実際に宗教的に徳の高い人であれば、いわば鬼に金棒である。フサインは、ムハンマドに愛された直系の孫であると同時に、圧政に抵抗して殉教した人物であるから、聖者として申し分がない。

ところで、これまで「教団」という慣用の訳語を使ってきたが、この訳語には問題がある。ふつう、教団と言う場合、独立の宗教や宗派を指すことが多い。しかし、スーフィー教団の場合、イスラームの篤信的な行為が組織化されているだけで、特別の教義を唱えたり、独立した宗教団体となっているわけではない。実際、礼拝や断食、喜捨などについては、いかなるスーフィー教団といえども、一般信徒と何の違いもない。

教団の原語である「タリーカ」は「道」を意味するので、スーフィー道、神秘道と訳することも可能

シャーズィリー教団の行進（カイロ旧市街）　教団員は自分たちの修行場に毎週集まって神を称名したり、小部屋にこもって我欲を断つ修練を積む。一般の目に触れる機会は少ないが、預言者生誕祭やフサイン生誕祭の行進には大挙して姿を現す。

かもしれない。この場合の「道」は、「茶道」「華道」あるいは「武士道」という場合の「道」である。イスラームの中でも、特に信仰心を深めたい人たちがその作法を学ぶための「道」として、それぞれの教団がある。

そうであるならば、団長は「家元」になぞらえることもできるかもしれない。実際、教団がいくつもに分岐するのは、著名な聖者が出て独立の名前を名乗るからで、これも新しい家元として流派を立てるのに、少し似ている。現団長は、どこでもその流派の何代目かの家元に相当する。

彼らの道場に行くと、礼拝のあとに、唱名の行をおこなっていることがある。団長を中心に皆が長幼の序を守り、作法正しく座って声をそろえて神の名を唱え、修行しているさまは、いかにも奥ゆかしい

イスラーム文明

الحضارة الإسلاميّة

アル=ハダーラ・アル=イスラーミーヤ

＊

【イスラーム文明】

11 世紀の天文観測器械アストロラーブ　イスラーム文明は 8～15 世紀の間、高度な科学と技術を発達させ、当時の人類文明に大きな貢献をなした。

カイロに長く暮らしていた頃、海が恋しくなると、地中海の都アレキサンドリアに出かけた。ナイル川沿いに広がる大都会のカイロは東西が沙漠で、潮の香りから遠い。何より、新鮮な海産物に乏しい。二百キロほど離れたアレキサンドリアまで行くと、ふんだんに美味しい魚介類が食べられた。

タコの入ったサンドイッチも、アレキサンドリアならではの楽しみである。イスラーム諸国では酒を飲まないが、エジプト人はみな果物ジュースが大好きである。アレキサンドリアのジュース屋では、実に美味しい苺ミルク・ジュースを供してくれる。

ローマ時代の遺跡などを訪問したあとは、浜辺でゆったり地中海の風に吹かれる。この町は古い時代から、地中海文明の一大拠点であった。イスラームは七世紀のアラビア半島で成立すると、まもなくシリアやエジプト、ペルシアを征服し、アレキサンドリアもその支配下に入った。

このとき、古代からの文明の地でその成果を一気に吸収して、イスラームは新しい文明を生み出した。言いかえると、イスラームはアラビア半島を出てから初めて「文明」になった。聖地マッカやマディーナで成立したのは、宗教や法、社会システムの原理といったものであったが、それが文明にまで発展したのは、たとえばこのアレキサンドリアで、文明の伝統を吸収してからである。

どのような文明も互いに影響を与え合うが、イスラームの場合、非常に積極的に諸文明を融合して、独自の文明を築き上げた。融合の原理としてイスラームが機能したのであるが、それにしても、わずか一、二世紀の間に独自文明を生み出した様子は壮大である。

八世紀から一五世紀くらいの間、イスラーム文明とその諸科学が繁栄し、世界的な影響を及ぼした。特に、ヨーロッパに対する影響は大きかった。もっとも、その時代についての研究は、比較的最近まで遅れていた。近代西洋文明はその頂点を極めてから、かつてイスラームをお手本として成長したことをあまり思い出したくないのか、科学史でもイスラームを無視する傾向が続いていたのである。現在では、次第に研究が進んで、かなり実像がわかるようになってきた。

古代ギリシアの科学と比べると、イスラーム科学は実験主義、経験主義が大きな特徴をなしている。

たとえば、化学が実験を通じて実用的なレベルに発達した。化学用語には、イスラーム世界から西洋に入った言葉も多い。何より、「化学」という言葉自体も、アラビア語のキーミヤーが、英語のケミストリー（化学）となっている。

私たちに一番なじみ深い言葉は、「アルコール」であろう。この「アル」はアラビア語の定冠詞で、「アル・クフール」がなまってアルコールとなった。イスラームで酒を飲まないのは、酩酊し礼拝を忘れることを嫌うから、と言われるが、酩酊の原因がアルコールであり、アルコール分を一定以上含む飲み物はどれも酒の作用をする、ということを発見したのはイスラーム世界であった。

ところで、ヨーロッパにイスラーム科学が伝わった経路は、一つは十字軍である。たとえば、スッカル（砂糖）が伝わり「シュガー」となったが、これは十字軍が持ち帰った「文明の味」であった。もう一つ大事な経路は、イベリア半島、つまり今日のスペイン、ポルトガルである。このためもあって、アラビア語の定冠詞の「アル」がついたスペイン語の言葉は多い。アルコールも、アルカリもそうである。ほかにもアルカサル（城）、アルカンタラ（橋）、アルフォンブラ（絨毯）など例は多い。

イスラーム科学は、宗教的な必要性もあって発展した。天文学、地理学などは、ムスリムが世界のどこにいてもマッカの方角を向いて礼拝をささげることから、大いに発達した。地上での自分の位置を知るには星を観測するのが一番便利な方法であるが、その場合、星の動きに関する知識が欠かせない。そのため、イスラーム世界では各地に巨大な天文観測所が作られ、それぞれの星の正確な座標を確定する作業などもなされた。

ヨーロッパで望遠鏡時代が始まる一七世紀以前は、イスラーム世界がもっとも天文の知識を蓄えていた。種々の天文観測機器も作られた。「アストロラーブ」と呼ばれる器械は、精巧で非常に便利なものであった。一四世紀にイブン・シャーティルという天文学者がいたが、彼の惑星運動の図面をコペルニクスが見たに違いないと言われている。実際に見たと確証できる記録は残っていないが、そのことを疑いえないほど両者が描いた図面はそっくりである。

今日も使われている星の名前は、ギリシア語と並んで、アラビア語起源のものが非常に多い。それも、この当時のイスラーム文明の遺産である。イスラーム天文学以前には、ギリシア語、ラテン語で約百ほどの星が命名されていたが、アラビア語でさらに三百もの星が同定され、名前を付けられた。たとえば、わし座のアルタイルは、日本で言う「彦星」にあたるが、この名は「飛ぶ鷲」というアラビア語に由来する。「織女」のヴェガは、北天でもっとも強く輝く星であるが、これはアラビア語の「降下する鷲」から。そのほかにも、はくちょう座のデネブ（アラビア語の「尾」）、はと座のファクト（鳩）、さそり座のアクラブ（蠍）、ふたご座のワサト（中央）、ペガスス座のマルカブ（乗り物）とアルゲニブ（脇）、おおぐま座のドゥベ（大熊）など枚挙にいとまない。

ちなみに、北斗七星の先端の星はアルカイド、すなわち「導き手」を意味する。この語を聞くと、「アルカイド」と現代のイスラーム過激派の「アルカイダ」が類語なのか疑問に思う人がいるが、後者は「基地」を意味し、単語としては全く系列が異なる。

医学も非常に発達したが、これにも宗教的な信条が関係しているように思える。イスラーム科学は、宇宙と人間を含む被造界の摂理を探ろうとする傾向が強い。医学においても、「神はすべての病気に治癒法をつくった」という教えが、その発達の原動力となったのであろう。医学は人の役に立つ実学と言えるが、イスラーム世界では、解剖学、生理学、薬理学などが深められた。かなり早くから、病院制度と医療倫理が発達していたことも特筆に値する。

医学も、化学や天文学などと並んで、ヨーロッパに大きな影響を与えた。アラビア語の医学書はラテン語訳され、一八世紀までヨーロッパの医学校で使われていた。

さらに、イスラーム世界で確立された数学が、今日の数学の基礎をなしていることは、ゼロがアラビア語のスィフルのなまった語であることや、ふつうの数字を「アラビア数字」と呼ぶことを見てもわかる。ちなみにゼロ（無を表す数字）はインド起源で、これとメソポタミア（イラク）起源の桁の概念が合わさって、イスラーム数学に発展した。

この文明の黄金期には、地中海と西アジアにおいて「先端の文物はイスラームから」と誰もが思ったであろう。ヨーロッパの軍事力が彼らを圧倒するようになるまで、輝かしいイスラームの時代が続いたのであった。

黄金時代を思い出すと、近現代のムスリムたちは「なぜ、それが失われてしまったのか」「イスラーム世界はどうして衰退したのか」という深刻な疑問を感じる。それと同時に、「いつまでも、こうではいけない」という思いにとりつかれる。かつて黄金時代があったとすれば、それを再興することも可能ではないか。一九世紀以降、イスラーム復興運動が各地で起こった背景には、黄金時代への誇り、世界

クアラルンプール(マレーシア)のツインタワーとシャーキル・モスク(手前右)
イスラーム諸国は、現代においてイスラーム文明を再興させることをめざしている。経済発展と宗教文化の結合をめざすマレーシアは、その代表選手と目されている。

文明としての矜持、西洋の支配に対する屈辱感、衰退に対する自己批判、復興への希望などがある。

ただし、イスラーム復興がめざすのは、単に現代の西洋文明を模倣し、追いつこうとするということではない。近代文明を吸収しようとするとともに、それをイスラーム的な価値と融和させようとするのである。かつて、イスラームは古代の諸文明を融合して、宗教と科学が共存する文明を生み出した。その点は、科学が宗教と対立しながら発達した近代ヨーロッパとイスラーム世界では事情が違う。

とはいえ、現代に宗教と科学の融和を実現することは、容易ではない。しかも、猛スピードで技術革新が進む時代である。二一世紀において、現代科学とイスラームの融和という文明的な願いは、どのように進展するのであろうか。

イスラーム銀行

البنك الإسلاميّ

アル=バンク・アル=イスラーミー

＊

【イスラーム銀行】

ドバイ・イスラーム銀行（窓口の順番を待つ顧客たち）
壁に首長たちの写真が掲げられている。無利子金融の冒険は、商業の盛んな首長国ドバイから始まった。

イスラーム圏では、金曜日の正午過ぎには、どこのモスクでも集団礼拝がおこなわれる。信徒たちが続々と集まり、イマームの説教を聞き、信仰心を高めて、神に礼拝を捧げる。礼拝が終わると、人々がどっとモスクからあふれ出てくるが、皆の信仰心が高まっているこの時こそ、貧しい人が助けを乞う大事な時である。乞食たちにも稼ぎ時となる。彼らはモスクの出口で、信徒たちを待ち受ける。また、同胞愛を実践したい信徒にとっても、これは施しをする大事な機会である。

彼らは用意をした小銭を、モスクを出ながら、差し出される手に手早く配る。

エジプトでも、たとえばカイロ旧市街にある大きなフサイン・モスクの出入り口をながめていると、このような風景に出会う。聖典クルアーンは「信徒の財のなかには、乞う者と困窮者たちの権利が含まれている」と明言している。貧しい人に喜捨することは、慈善心の発露というよりも、財の所有に伴う根本的な義務とされている。

私たちが持つ宗教のイメージは、我欲を捨て、物欲を遠ざけることを勧めるものであろう。イスラームにもそうした面がないではないが、全体としてみると、人間の欲望に対して非常に肯定的である。欲望を肯定した上で、それをイスラーム法によって制御するのが、基本の考え方となっている。簡単に言えば、「イスラームの教えに従って、自然な欲望を満たして生きなさい」ということになるであろうか。

イスラームは宗教的な善行を、功利的な商業論理で説くのが好きである。聖典も、神を信じ善行をおこなうことは「失敗のない商売を願う」のに等しいと説く。クルアーンのなかには「貸し付け」という言葉が一二か所登場するが、すべて、善行は神に対する「貸し付け」なのであり、やがて何倍にもなって返ってくる、というメタファーである。

イスラーム法には経済行為に対する規定も多いから、「宗教が経済に介入する」とイメージされがちであるが、実はもっと徹底している。宗教そのもの、信仰すらが「すばらしい商売」として推奨されているのである。宗教と経済が相互に入れ子になっているようなイスラームの発想法を、筆者は「教経統合論」と呼んでいる。これは、イスラームの独自性のなかでも、見れば見るほど不思議な部分である。

その不思議さが現代経済のなかで発揮されている例として、イスラーム銀行がある。俗に「無利子金融」とも呼ばれる。かつて、この言葉は言語矛盾であると揶揄された。利子は金融の基本であるから、利子のない銀行とは、「開かないドア」「けっして飛ばない航空機」のごとき表現だというのである。一九七〇年代半ばにイスラーム銀行が設立され始めた頃は、欧米では「どうせ、利子を手数料と称するだけのことだろう」とか「経営的に成り立つわけがない」としきりと言われていた。

利子はクルアーンのなかで「神は売買を許し、リバー（利子）を禁じた」ときっぱりと否定されている。厳密に言うと、この「リバー」が利子すべてを指すのか、高利だけを指すのかをめぐって法学的な論争があるが、いまや主流は「リバー＝すべての利子」とする立場である。前近代のイスラーム世界では、利子は禁止されていた。実際には高利貸しもあったが、それは禁じられていても泥棒がいるのと同じことであろう。

事態が変わったのは、一九世紀以降にイスラーム諸国が世界経済に組み込まれ、西洋風の銀行が各地に浸透してからである。現代の資本主義は、銀行なしにはありえない。イスラーム法の規定に関わりなく、現実の経済の力によってイスラーム世界中に銀行が浸透した。二〇世紀前半にも利子の禁止を問題にする人たちはいたが、無力だった。

やがて、二〇世紀後半になり、イスラーム諸国が独立を遂げ、経済力が向上してくると、事情は変わってきた。イスラーム銀行の先駆形態は、一九六〇年代のパキスタンやエジプトに見られるが、やはり、一九七三年の石油ショックで産油国が勃興したことの影響が大きい。本格的なイスラーム銀行は一九七五年に設立されたドバイ・イスラーム銀行を嚆矢とする。

ドバイは他の湾岸の首長国とともに、その四年前にイギリスの支配下を脱し、独立したばかりであった。ドバイ、アブダビなどはアラブ首長国連邦を形成し、アブダビはまもなく日本にとって主要な原油供給国の一つとなった（二〇一四年で、日本の原油輸入のおよそ二四％）。ドバイはその隣国で、この石油の富を活用して、商業によって発展してきた。ドバイを拠点とするエミレーツ航空は、今では世界トップクラスの航空会社となっている。

ちなみに、ドバイのあとに設立されたのは、クウェート・ファイナンス・ハウスや、サウディアラビア系のファイサル銀行であり、イスラーム銀行設立にオイル・ダラーが大きな役割を果たしたことは疑いを入れない。これらの銀行が次々と発足するなかで、利子を取らずにどのように金融業が成り立つのかが、イスラーム世界の内部でも大きな問題となった。「禁止されているから利子を取らない」だけでは、単に前近代に戻るだけであり、現代的な銀行は成立しようもない。たとえ豊富なオイル・ダラーがあっても、無理なものは無理である。

現代的なイスラーム銀行が成立したのは、イスラーム法にたくさんある商業契約の中から現代経済に活用できるものを発展させたことによる。代表例として、かつてキャラバン貿易でよく用いられたムダーラバ契約がある。ラクダの隊商を組み、沙漠を越えて遠方に金銀、香料、工芸品などを運ぶキャラバン貿易は、成功すると儲けも大きいが、過酷な自然環境や盗賊など、途中のリスクも大きい。そこで、出資者と事業者がリスクをいっしょに負担し、キャラバンが成功した際には利益を分配するのである。

損害も利益も公平に分けるという意味で、日本語では「損益共有」とか「損益分担方式による協業」と訳されている。

利子が禁じられている理由の一つは、元利保証すると、出資者が安全圏にいて、事業者だけがリスクを負うのが不公平という点にある。また、リスクも負わずに利益を得るのは不労所得にあたる、という議論もある。損益を分担すれば、そのような問題はなくなる。リスクを負った上で、儲けを山分けしても全く問題はない。

しかし現代では、リスクが高いのに誰が出資するのか、一般の預金者がそんなリスクを負うのか、という問題がある。言いかえれば、イスラーム銀行の経営がどうして成り立つのか、という疑問であろう。これまで四〇年におよぶイスラーム銀行の歴史は、この疑問に答えるための必死の努力であった。

結論から言えば、今日、六百ものイスラーム銀行、金融機関が存在すること、従来のふつうの銀行ですらイスラーム世界では「イスラーム金融部門」を開設していること、全世界のイスラーム銀行の総資産が二兆億ドルともされることなどを見れば、その努力はおおむね実ったと言える。成功の原因はいくつか挙げられる。一つは、利子が嫌で「タンス預金」をしていた人たちが預金するようになったことである。イスラーム世界には、クルアーンの教えを気にして、銀行に足を運ばない人たちが想像以上にたくさんいた。しかも、彼らはリスクを負う覚悟があった。この新規預金者の開拓は大きな要素である。

もっと大事なことは、イスラーム銀行が収益をあげるのに成功したことであろう。事業の成否にかかわらず先に、たとえば「五％払います」と言えば利子にあたるが、事業が成功したあと五％払うのは利

ゴールド・マーケット（ドバイ）　金を扱う店舗ばかりが集まったビルの一角。かつてのイスラーム世界は東アジアから地中海までを結ぶ国際貿易と金・銀本位制で繁栄した。今でも女性たちは、金細工をたくさん身につけることが大好きである。

子ではない。となれば、結果として毎年一定程度の利益を分配できて、そのことが利用者に伝わるならば、その銀行は信用されるのである。

「イスラーム銀行」というと、いかにもイスラーム法が金融に介入しているように聞こえる。しかし、イスラーム法を守りたいだけならば、喜捨をしていればよいし、モスクの建設でも司法のイスラーム化でも、やるべき分野はいくらでもある。それでも、イスラーム銀行にこだわるのは、イスラーム法に従いつつ「儲けたい」からである。

クルアーンには「(金曜の) 礼拝が終わったら、地に広がり、神の恵みを求めよ」とある。神の恵みを求めて、「ムスリムとして儲けたい」という気持ちこそイスラーム銀行の牽引力であり、これこそがイスラームの教えの神髄を示している。

ラマダーン月

شهر رمضان

シャフル・ラマダーン

*

【ラマダーン月】

モスク脇で断食明けの食事をとる人びと　断食を終えた日没には、自宅や友人宅に集ったりレストランに出かけたり、皆で食事を楽しむ。モスクでも居合わせた会衆、貧しい人や旅人のために食事が振る舞われる。

断食の月ラマダーンには、イスラーム世界ではどこでも、夕暮れ時はそれぞれの家庭で食事の用意に忙しくなる。外で働いている人たちも、その食事をめざして家路を急ぐ。

カイロやダマスカスのような大都会では、日没が近づくと自動車が姿を消し、街路はからっぽになる。時折、帰宅を急ぐ車が制限速度をはるかに超えたスピードで走り去るが、それを止める交通警官も、すでに交差点から姿を消している。レストランでは、人びとがテーブルの前に陣取り、給仕たちがてんてこ舞いで走り回っている。

　イスラームの断食は、暁前に始まり、日没とともに終わる。断食している人たちは、日が昇る前から飲食を全く断っているのであるから、夕方には食事が待ち遠しい。

　カイロの場合、日照時間が一番長い六月半ばにラマダーンが当たれば、明け方の二時半頃から断食に入り、夜の七時頃に日が沈むまで、何も食べることができない。この一日は、とても長い。そして、日中の気温が三五度とか四〇度に達する暑い季節に、汗がいくらふき出ても、水を一滴飲むことさえできないのである。ラマダーンはイスラーム暦第九月にあたるが、この語はもともと「灼熱」を意味する。灼熱の季節の断食の辛さが、名前にも示されている。

　ようやく夕暮れとなって、暑さもややおさまった時分に、家庭でも、レストランでも、あるいは職場に残っている人たちも、食事の用意をして日が沈む瞬間を待つ。カイロ郊外にあるムカッタムの丘では大砲を撃って、日没の瞬間を知らせる慣例が一九世紀半ばから続き、今日でもテレビ、ラジオから砲声が届けられている。

　「ドーン！」と鳴り響くと、どのテーブルでも「アッラーの御名によって」と言って、いっせいに食事が始まる。コップの水を飲みほし、「神を称えます。ああ、おいしい」と感嘆し、スープを一口飲み、また「神に称えあれ。今日も無事に断食を終えることができました」などと言う。誰もが、嬉しそうに、実においしそうに、食べる。

　日が沈んだ瞬間に誰もが食べ始めるのは、辛抱心が足りないように思われるかもしれない。信仰心の篤い人ならば、もう少し断食を続けるのが偉いようにも見える。しかし、イスラームの教えでは、いったん日が沈んだら、少しでも早く断食を破ることが推奨されている。

イスラームは戒律が厳しい。夏に一六時間もの間、飲食を断たなければならないのであるから、確かに厳しい。しかし、「戒律」を宗教の教えと解するのであれば、「日没と同時に断食を破れ」というのも、「家族や友人と食事を共にせよ」というのも、「夜は自由に飲食しなさい」というのも、戒律のうちである。後者の戒律を見ると、ちっとも厳しくはない。ラマダーン月は「夜の飲食の月」なのである。

イスラーム世界の都会では、ラマダーン月にはレストランや喫茶店が夜通し開いている。友人が互いを訪問するのも、夜である。イスラームの「戒律」では、信徒同士が互いに訪問し、様子を尋ね合うのは大事な美徳とされる。石油を産する湾岸諸国などでは、ラマダーンの夜には、ホストも気前よくご馳走するのが楽しみで、次々と親戚や友人が訪ねてきて、あたかも日本で飲み屋を「はしご」するごとく、茶飲みの「はしご」がおこなわれる。

明け方の前には、スフールと呼ばれる軽食がとられる。夜遅く安らかに眠っていると、寝過ごして、これを食べ損ねる人もいるかもしれない。そこで、眠っている人たちを起こす役目がある。街路を太鼓をたたきながら、その刻限を知らせていく。ポコペン、ポコペンとその音が街を進んでいくのを聞くと、カイロの風物詩の一つと感じ入る。

おそらく、夜更けの「ポコペン」の音は、何世紀も前から、ずっとラマダーンごとに続いてきたに違いない。千夜一夜物語の頃から、変わらず鳴らされてきたのであろう。カイロに限らず、アラブの国々はどこでも近代化が進んでいるが、近代化をしてもラマダーンは続くであろうし、夜更けの「ポコペン」も続いていくに違いない。

近代化と言えば、かつての日本では、日に五回の礼拝と並んで、ラマダーンの断食が近代化や工業化を阻害すると言われていた。イスラームが近代化と対立する論拠として、ラマダーンがいつもやり玉にあげられていたのである。そのような議論は、マレーシア経済などが勃興し、イスラーム化と近代化が同時に起こりうることがわかって、勢いを失った。

もっとも、たとえ近代化と両立するにしても、「断食をしても生産性は落ちないのか」という素朴な疑問は残る。マレーシアでは、「イスラームと近代の結合」を声高に主張しているから、断食をしていても生産性を落とさないのが真の信仰である、という考えをよく聞く。確かに、ラマダーン中でも一生懸命働いているようである。ときには、「断食のおかげで、日中は食事にエネルギーも時間も取られないので、かえって仕事がよけいにできる」とまで言う人さえいる。

しかし、私の観察するところ、エジプトではラマダーン月には生産性は低下する。むしろ、向上するのは消費である。ショッピングにしても外食にしても、家族同士、友人同士で盛んにおこなう。サービス産業を中心として経済効果はあると思うが、さすがに断食をしながら、工場の生産が高まるというようにはなっていない。

ラマダーン中に生産性があがらない本当の理由は、実は、断食によって集中力が低下するからではない。断食の目的は、神のために飲食を断ち、信仰心と忍耐を示すこと、この厳しい行によって日頃の過ちから身と心を清めることとされている。さらに、食物のありがたさを感じることで、天から恵みを授ける神に感謝することも重要なポイントとなっている。言いかえれば、この月は神に意識を向け、イスラームの信仰に集中するべき月なのである。

まじめにラマダーンの行事をおこなっている人たちは、けっこう忙しい。たとえば、日に五回の礼拝のほかに、ラマダーン特有の「タラーウィーフ（ゆったり）礼拝」がある。これは、夜の礼拝のあとに、ゆったりと聖典クルアーンを読んでおこなう礼拝で、ふだんの礼拝よりも長くかかる。ラマダーン中に一か月でクルアーンを読み終えることも推奨されているが、「タラーウィーフ礼拝」の間に朗唱するとすれば、毎日一時間くらいはゆうにかかる。

貧しい人のための喜捨は、自分の所有財産に応じて一年に一回差し出すものであるが、ラマダーン中にその金額の計算をする人も多い。それだけではなく、ラマダーンには、この月だけの特別の喜捨もある。また、任意の喜捨も、断食の間に熱心にするように勧められるので、それも盛んとなる。

このように見ると、ラマダーンは一年の中で、もっとも信仰を中心とした月であることがわかる。しかも、断食明けの日没の食事は、家族ととるのが基本であるから、ビジネスマンもこの月には出張を嫌うのである。

ラマダーンは、生産より家族が大事という点では、日本の盆暮れ、フランスのバカンスに近い気がする。盆暮れやバカンスと違うのは、季節が変わる点である。イスラーム暦は純粋な太陰暦なので、太陽暦と比して一年が一一日短く、季節的にずれていく。六月の断食は日が長くて大変であるが、逆に、一

夕暮れのレストラン　断食の月には夕暮れのレストランはどこも満杯となる。日没の30分前には皆が席に着き、山盛りのご馳走がテーブルに並ぶ。給仕たちも自分たちのテーブルを囲む。誰もが食べずに「その時」を待つのはラマダーンだけの光景。

二月頃のカイロでは、断食時間は暁前は四時半くらいから午後五時くらいの日没までである。預言者ムハンマドの言行録によれば、「冬の断食は、戦わずして得た戦利品（のように楽なもの）」である。

一一日ずつずれるため、およそ三三年で同じ季節に回帰する。日本の還暦のように、年長者が「ラマダーンが二度同じ季節になった」と言ったりする。三三年が二回であるから、六六年にわたってラマダーンの断食をしたことになる。子どもが断食をするのはふつう一〇歳を過ぎてからなので、この人は七〇代後半とわかる。

さて、二〇一六年以降のラマダーンは、始まりが六月から五月、四月へと移ってゆく。これからも毎年、それぞれのイスラーム国で、ラマダーンの風物詩が繰り広げられることであろう。

巡礼

الحجّ

アル=ハッジュ

＊

【巡礼】

3大モスクへの訪問を促すポスター（エジプト製）
イスラームでは「大地はすべてモスク」であり、どこでも同等の礼拝の場所とされる。ただし、マッカ、マディーナ、エルサレムの3聖都だけは別格である。

　カイロに住む知人のユーヌスさんが、あるとき聖地マッカへの巡礼に出かけた。巡礼の終わりには頭髪を剃るので、お坊さんのように丸めた頭で帰ってきた。髪の毛がもとに戻るまで、しばらくかかった。しかし、髪は伸びても、生活態度はもう以前のようではない。もともと真面目な人ではあったが、いっそう几帳面となり、誠実な人柄が強まったことがはた目にもわかる。「せっかく生まれかわったのに、また過ちを犯してもいけないし、ね」と、本人ははにかみながら語る。巡礼をおこなうと、それまでの罪が許されるとされている。イスラームでは、人はフィトラ（天性）を持って生まれる、と言う。生まれたばかりの赤ちゃんの純真さ、と言えばよいであろうか。それが、人間には誰にでも備わっている。ところが、成長するに従って、天性の善性から遠ざかる。

ある会社の老社長は、「いつまでも長生きなさいますように」と周囲から言われると、「それは嫌だな。過ちの数も増えてしまうからね」と答えたと言うが、人間は誰でも完全ではない。生きていれば、過ちを犯すのもやむをえないであろう。しかし、巡礼をおこなうとそれが帳消しとなり、生まれたときのように罪のない状態に戻れる。

であれば、ムスリムの誰もが巡礼に行きたいと願うのは、当然と言えようか。ところが、実際に巡礼に出かけるのは大変なことである。現在では、航空機で数時間、あるいは十数時間飛べば、地球上のたいがいのところからアラビア半島に到着することができるが、昔はそうではなかった。徒歩やラクダに乗っての旅は何か月も、場合によっては、一年以上もかかった。

クルアーンにも、「彼らは徒歩で、あるいはやせたラクダに乗ってやってくる」と書かれている。遠くから巡礼者を乗せてきたラクダさえも、聖地にたどり着く頃には長旅に疲れ、やせているのである。長旅である以上、十分な路銀も必要である。そのため、盗賊の狙うところともなった。昔の巡礼者たちは生命と財産を守りながら、苦難の旅を続けた。

必要なのは、自分の旅費だけではない。何か月も家を空ける以上、その間に家族が暮らしていけるようにする必要があった。そう考えると、巡礼に出かけるのが大事業だったことがわかる。そのため、巡礼は信徒の誰もがおこなうべき五行（五つの義務行為）の一つでありながら、「それをおこなうことのできる者にとっては」との条件が付いている。

二〇世紀に入ってからでさえ、東アジア、東南アジアなどから中東に出かけるのであれば、船が普通であった。その場合、往復三か月は必要であろう。ちなみに、私が四〇年前にエジプトに留学したときは空路であったが、その一〇年前の留学生は、日本から一か月以上かかって、貨客船でエジプトまで行っていた。「荷物の持ち込みは、どのくらい、いいですか?」と聞くと、船会社が「いくらでも、お好きなだけどうぞ」と言ってくれたと聞く。

しかし、時代は変わった。交通革命の結果、会社や仕事を一週間あまり休んで、飛行機で聖地に駆けつけ巡礼を滞りなく済ませることができるようになった。これは、一九七〇年代に入って、ジャンボ機時代となってからのことである。

イスラーム世界の中でも、巡礼熱がとりわけ強いのは、聖地の周辺国よりも、東南アジアのインドネシアや西アフリカ諸国など、遠い国々である。インドネシアなどでは、巡礼に出かけるとなると、一族郎党、友人知人を呼んで大壮行会を開き、帰国すると、また彼らを呼んで大祝賀会を開く。

巡礼を無事に済ませた人は「ハッジ（女性ならハッジャ）」と呼ばれ、社会的にも尊敬される。エジプトなどでは、年配の人に対して敬意を示すときには、とにかく「ハッジ」と呼べば（実際に巡礼したか否かにかかわらず）無難である。

交通革命で巡礼が容易になった結果、二〇世紀前半には、多くても毎年数万人という規模であった巡礼者が、一九七〇年代以降に二、三百万人、近年では四百万人という水準に増加した。信仰行為が盛んになってよいように見えるが、これは巡礼を運営する上でさまざまな問題を生んだ。

聖地を管理しているのは、サウディアラビア王国である。イスラーム生誕の地マッカおよび「預言者ムハンマドの町」であるマディーナは、いずれも紅海沿岸のヒジャーズ地方にある。サウディアラビアは、一九二四年にこの地方を支配するようになって以来、巡礼の管理もおこなっている。最初の頃は、巡礼は主たる歳入源であった。その巡礼が一九二九年の世界恐慌で激減し、たちまち財政難に陥ったこの国を救ったのは、石油の発見であった。それ以来、石油による収入が王国を支え、近年では巨額の石油収入を投入して巡礼を運営するようになっている。

巡礼者の激増で生まれた第一の難問は、多数の巡礼者がスムーズに移動できるよう、空港、道路、宿泊施設などのインフラを整えることであった。マッカの表玄関にあたるジェッダ市は、空港、港湾ともに、最先端の設備を誇る近代都市に変貌した。

第二の問題は、一気に二桁も増えた巡礼者が所定の儀礼をちゃんとおこなえるよう、マッカの聖域を拡張することであった。二〇世紀半ばまで、マッカの中心に位置するハラーム・モスク（禁域の礼拝堂）は、カアバ聖殿を取り囲んで比較的簡素な建物があるだけであった。この建物はオスマン朝時代の一六世紀に作られたものであったが、サウディ政府は八〇年代から続く建設工事で巨大なモスクを新規造成した。

第三の問題は、小さな町と谷に三百万人以上がひしめくシーズンの食糧供給や衛生の確保であった。

多数の旅行者がテントで自炊しているにもかかわらず、めったに伝染病も起きないのは、驚きであろう。その背後には、一つの巡礼シーズンが終わるとすぐに翌年に備えて活動を続けていくサウディアラビアの巡礼省がある。巡礼が無事におこなわれることは、王国の威信にかかわる優先事項なのである。

第四の問題は、治安であった。昔は、治安と言えば、巡礼者を盗賊から守ることであった。統治が行き届いている現在では、その問題はもはやない。しかし、八〇年代にはイランから来る巡礼者がデモを繰り返した。当時のイランはイスラーム革命で王制を打倒した直後で、次の標的にサウディ王制をあげていた。極度に政治化していたイランは、巡礼すらも政治行動であるという立場から、聖地でのデモを奨励した。そのため、サウディ警察との衝突で、何十人もの死傷者が出た年もある。

そこで、サウディ政府がＯＩＣ（イスラーム諸国会議機構）と相談して導入したのが、巡礼者の国別割り当てによる人数制限である。イラン人巡礼者による政治的騒乱は九〇年代以降なくなったが、この割り当て制度は続いている。これが実は、今の巡礼希望者には、悩みの種である。各国には、大勢の巡礼希望者がいるが、各国の人口千人につき毎年一人という割り当てがあるため、なかなか順番が回ってこない。冒頭に登場したユーヌスさんが巡礼に行ったのは、割り当て制度以前であった。「私は、とてもよい運命に恵まれました」と、嬉しそうに言う。サウディアラビアで出稼ぎしているエジプト人は、かつては毎年巡礼に出かけられた。それも、現在は制限されていて、連続では参加できないようになっている。

順番が回ってこない希望者は、「人口で信仰行為を制限するのは、おかしい」と論じる。宗教的に言

カアバ聖殿の扉前で願い事をする　マッカのカアバ聖殿は「神の館」と呼ばれ、目に見えない神を信仰するための中心点となっている。世界中のムスリムが、毎日５回の礼拝をこの聖殿の方に向かって捧げ、巡礼の季節にはここをめがけて巡礼者が集う。

えば、そうかもしれない。しかし、その信仰行為の安全に責任を負っているサウディ政府にすれば、仕方のないことなのであろう。

旅費も準備でき、運に恵まれ、聖地へ赴くことのできる人は、そこで生涯の夢を実現する。巡礼者は、そこで全世界からマッカに集まった四百万人というような大群のムスリムと出会う。彼らは互いに、肌の色も言語も民族も異なり、老若男女、年齢も出自もさまざまである。しかし、男性はそれぞれ白布二枚のみで身を被い、女性も簡素な服を着て、神の前で皆が平等である。貧富も地位も関係なく、誰もが、神の名を唱えている。

ユーヌスさんは、何度も熱っぽくその体験を語ってくれた。年に一度の巡礼のとき、信徒たちは日頃の悩みも問題も忘れて、大挙してイスラームの原点へと帰っていくのであろう。

第II部

クルアーンは語る

「おお、人びとよ」

يَٰٓأَيُّهَا ٱلنَّاسُ

ヤー・アイユハ＝ン＝ナース

＊

【おお、人びとよ】

公園で祈る人びと（カイロ旧市街）　金曜日の集合礼拝には多くの人が集まる。モスクに入りきらなければ、地続きの道路や公園まではみ出して、礼拝を捧げる。

アラブの国の街角で道行く人びとに向かって「おお、ムハンマドさんよ！」と呼びかければ、たくさんの男性が振り向く。という話は、それほどムハンマドという名の人が多いということであり、つまりはムスリムが預言者ムハンマドを敬愛して、その名をやたらに子どもに付けることを意味している。この不思議な話は第I部に述べた（「預言者ムハンマド」）。

この項では、「呼びかけ」のことについて考えてみたい。日本語にはアラビア語のような万能の呼びかけ語はないので、アラブ圏に行くと、その便利さに驚いてしまう。

「ヤー」という語を冒頭につければ、「おお、…よ」という呼びかけになる。日本語では、「おお、ムハンマドよ」などと文語では書いても決して口にはしないが、まさに、そういう意味の呼びかけを、アラビア語では日常的におこなう。

道を聞こうと思っても、日本の街角では、「あのー」とか「すいませんが」とか声を出して、しかも、相手が呼ばれているのに気がつかなければ、それきりである。アラブの町では、「ヤー、貴方！」と声をかければ、誰でも振り向いてくれる。

ちなみに、アラビア語では「貴方」を「アンタ」、女性の「貴女」を「アンティ」と言う。「ヤー、貴方」と呼ぶときは、「ヤー、アンタ」、女性に対してならば「ヤー、アンティ」となる。トンデモ本であれば、日本語・アラビア語同根説を唱えたくなるであろう。

もちろん、「ヤー、アンタ」と呼ぶのは、見知らぬ人に対するときだけで、少しでも顔見知りであれば名前を覚えて、その名を呼ぶのが礼儀である。街角の雑貨屋に行くと、ごったがえした店先で、客は店の人の名を連呼している。

「ヤー、ファフミーおじさん、オリーブと塩をください」「ヤー、ファフミーよ、早くしてくれよ。もう、いかなくちゃ」「ヤー、ファフミーさん、こっちだって急いでいるんだよ」という具合に、口々に叫んでいる。店先では客は整列などしないから、早い者勝ちである。大声で呼ばなければ、自分の番が回ってこない。私もよく叫んだものである——「ヤー、ファフミーおじさん、今度は日本人の番にしてくれ！」。

この「ヤー」を付けたら、相手が必ず反応してくれるところが、とてもよい。この語を覚えたら、カイロの街角でも、カサブランカの街角でも、毎日連発してしまう。アラブ社会では対面コミュニケーションを非常に重視すると言われるが、この語にもそれがよく表れている。

イスラームの聖典クルアーンも、この呼びかけ語を満載している。古典的なアラビア語なので、「ヤー」より格式張った「ヤー・アイユハー」も使われているが、意味は同じである。クルアーンはもともとムハンマドに対する啓示として始まったから、彼に向けられた呼びかけもたくさんある。たとえば、「ヤー、預言者よ、汝には神と、信徒の中で汝に従う者たちがいる〔それで十分ではないか〕」（戦利品章六四節）という励ましもあるし、「ヤー、預言者よ、なぜ、神が汝に許したものを禁じるのか」（禁止章一節）という叱責もある。

もっとも、クルアーンには、呼びかけなしにいきなり彼に命じている章句もたくさんある。最初の啓示とされる「読め！」（凝血章一節）は、呼びかけなしに始まっている。ムハンマドは読み書きができなかったので、「ヤー、ムハンマドよ」という呼びかけもなしに、いきなり「読め！」と言われてとまどったと伝えられている。

クルアーンの解釈では、対象者が明示されていなくとも、命令形が単数で用いられている場合は「ヤー、ムハンマドよ」が省略されているとみなす。「言え！」とあれば、「言え、ムハンマドよ」の意味に解釈する。しかし、「言え！」と命じられている内容の多くは、ムハンマドだけではなく、ムハンマドを通して信徒全体が従うものとなっている。

たとえば、「言え、アッラーは絶対無比者」（純正章一節）は、ムハンマドだけが言ってすむものではない。アッラーが何者とも比較できないような絶対者、ということはイスラームの中心的なメッセージだからである。この場合の「言え！」は、「ムハンマドよ、信徒たちに教えなさい」の意味となる。逆に言えば、内容そのものが大事なので、「言え、ムハンマドよ」の部分にはそれほど大きな意味はない。

「だったら、もう、『言え』の語は省いてしまってもよいのではないか」と、かつてのリビアの指導者カダフィー大佐が提案したことがある。もうずいぶん昔のことであるが、この提案はイスラーム諸国の間で大きな批判を浴びて、実現することはなかった。ムハンマドが弟子たちに教えたとおりの文言を維持するのがイスラームの原則だからである。カダフィー大佐のような主張は、趣旨はわからなくもないが、この原則に抵触するためいささか無理がある。

クルアーンの中には、数は少ないが、ムハンマドの妻たちへの呼びかけもある。「ヤー、預言者の妻たちよ、汝らはただの女性ではない」（部族連合章三二節）という章句は、彼女たちに対して立ち居振る舞いに特に気を遣うよう求めている。ムハンマドは二五年余は一人の妻と暮らしたが、彼女の死後（ムハンマド本人の晩年にあたる約一〇年）、寡婦の救済などの理由もあって複数の女性と結婚した。彼女たちは「信徒たちの母」と呼ばれて尊敬された。

このような一部の個別の呼びかけを除くと、クルアーンの中でもっとも一般的な呼びかけは、二種類ある。「ヤー、人びとよ」と「ヤー、信仰する者たちよ」である。

前者の「おお、人びとよ」という表現は、このように直訳すると、当時のマッカの住人たちに呼びかけているようにも見える。実際、呼びかけられた人たちも、自分たちが対象であると感じていたであろう。しかし、ムハンマドの布教は次第に範囲を広げていったから、「人びと」はマッカだけに限定されていたわけではなかった。

ムハンマド自身が「私は、人びとすべてに遣わされた」と語った言葉が伝えられている。「特定の民族や部族だけではなく」というニュアンスがここにはある。クルアーンには旧約聖書時代の物語も言及されているが、そこに登場する預言者たちはイスラエルの民だけに遣わされていた、つまり民族的に限定された預言者であった。それに対して、ムハンマドはそうではない、という意識が強くあった。

まもなく、イスラームは人類全体へのメッセージという立場が確立するから、「人びと」の語は「人類」と訳した方がわかりやすいかもしれない。特に、「人びと」の語は天使界や動物界、植物界などと対照されても使われるから、人間という種族を指しているという意味では「人類」という訳語が当てはまる。

「おお、人びとよ」で始まる章句は、神を認めるよう求める場合が多い。たとえば「おお、人びとよ、汝らと汝ら以前の者たちを創造した主を崇拝せよ」（雌牛章二一節）という具合である。これに対して、「おお、信仰する者たちよ」は信徒に対する呼びかけなので、特定の事項に関する指示が多い。特に、ムハンマド晩年のイスラーム共同体が確立されていた時期の章句は、具体的な命令をたくさん含んでいる。

ティーブリースィー学院（カイロ）　朗誦学者のアブダッラー師（椅子の男性）がエジプト人だけではなく、アフリカや東南アジア、ヨーロッパからの留学生にもクルアーンの朗誦を教える。読解の前に、まずはアラビア語の音を正確に読むことが求められる。

たとえば、「おお、信仰する者たちよ、汝らに断食が〔義務として〕定められた」（雌牛章一八三節）、「おお、信仰する者たちよ、何倍にもなるリバー〔利子〕をむさぼってはならない」（イムラーン家章一三〇節）、「おお、信仰する者たちよ、公正を守り、神のために〔正しい〕証言者となりなさい。たとえ自分自身や両親、親族の利害に反する場合であっても〔証言を偽ってはならない〕」（女性章一三五節）という具合である。

ムスリムたちは、クルアーンを神がムハンマドを通して直接語りかけた言葉であると信じている。これは、イスラームの外からは理解しにくい考え方であろう。しかし、アラビア語の呼びかけの仕組みを見ると、彼らがそう感じる理由がうかがえる。クルアーンの章句は「おお、人びとよ」「おお、信仰する者たちよ」と、読み手に呼びかけ続けているのである。

「イン・シャー・アッラー」

إِنْ شَآءَ ٱللَّهُ

イン・シャー・アッラー

＊

【もしアッラーがお望みであれば】

クルアーン学校（インドネシア、ジャカルタ郊外）

「プサントレン」と呼ばれる寄宿制のイスラーム学校で、小さな子どもたちが一心に聖典の朗誦を習う。

日本では不動産の案内、斡旋は、非常に組織化されている。不動産屋さんに行けば、たいてい賃貸物件のファイルが用意してあって、間取りなどを見た上で選択し、実際に見に行くことができる。大家さんに連絡してくれるのも、不動産屋さんである。エジプトの場合、こうはなっていない。

私が若い頃も不便だったが、最近でも事情はそれほど変わっていないようである。足で探すしかない。私がカイロに住んでいた時は、アパート探しといえば、友人・知人に聞くか、目当ての地区でビルごとに「空いているアパートはない？」と尋ね回ったものである。暑い夏の日に三、四時間も歩き回ると、目が回ってしまう。

尋ねる相手は、それぞれのビルの門番である。ある時、「とてもいいアパートが空いてるよ」と教えてくれる門番がいた。ところが、あいにく、大家さんが留守。「明日おいで」と言うので翌日行ったら、「今日もいないね。明日、おいで」と言う。そんなことが一週間続いた。

「明日はいると思うよ」と言うときに、必ず「イン・シャー・アッラー」と言う。「アッラーがお望みならば」という意味である。未来のことを言うときに、ムスリムが必ず口にする言葉である。

私の家探しの場合、遅れてもさほど実害はなかったが、本格的なビジネスの場でも、「イン・シャー・アッラー」は出てくる。「来週、商品をお届けしましょう、アッラーがお望みならば」などと言われる。これを聞くと、日本人はたちどころに不安を覚えてしまう。

「届けましょう」と言っておきながら、届けることができなかった場合、それは神がお望みでなかったことになるのであろうか。それとも、これは、最初から約束を守る気がない人の言い訳なのではないか。イスラームは宿命論を採るから、神のせいにしたら、責任を取らなくていいのだろうか。

そんな思いが日本人ビジネスマンの心の中を渦巻いて、取引き相手に対する不安が募る。どうして、「必ずお届けします」で文が終わらないのか。「必ずお届けします、アッラーがお望みならば」とは、いったいどういう意味なのか。

実際、のんびりしたエジプト人相手だと、アパート探しの時でも、気の急いた交渉はできない。何日か通って、ようやく目当てのアパートを見つけても、家賃の交渉に二時間も三時間もかかったりする。合意に至らないと、「また明日。イン・シャー・アッラー」と言われて、落胆することになる。

そこで、「イン・シャー・アッラー」のニュアンスを読み取る努力をした日本人ビジネスマンがいた。言い方、力の入れ方などで、どのくらい真剣かがわかる、というのである。軽く「イン・シャー・アッラー」と発音する時は、明らかにやる気がないと解する。このように解釈したくなる気持ちはよくわかるが、しかし、これは的外れの見方であろう。

すべて即断で、ものすごい速度で仕事をする富豪のビジネスマンに出会ったときに、そのことがわかった。彼の言うことは非常に確実だし、約束はただちに実行に移されるが、しかし、ひっきりなしに「イン・シャー・アッラー」が口をついて出るのである。

「なぜ、イン・シャー・アッラーと言うのでしょうか」と聞くと、何を聞かれているのか意味がわからない、という顔をされた。当たり前すぎて、なぜ聞かれるのか、理解できなかったらしい。

そのあとのちぐはぐな会話をあえて要約すると、彼の説明はこういうことになる――「世界は全能のアッラーが創造し、支配している。この世で起こることは、すべてアッラーがお望みになったことである。それは、イスラームの基本信条なのだ。私は約束を守るためにも、イン・シャー・アッラーと必ず言う」。ということは、約束の内容とこの言葉は何の関係もないのである。

実際、ムスリムは未来について言及するとき、必ずこの言葉を言うが、それは身についた動作のようなもので、それが実現するかどうかの可能性には、特に関係ない。聖典クルアーンの中でも、ユースフ

（ヨセフ）の物語のところで、「どうぞエジプトにお入りなさい、イン・シャー・アッラー、あなた方は安全でしょう」と語られている（ちなみに、この章句は、カイロ空港で飛行機から降りると、来訪者を歓迎して空港ビル入口の正面に掲げられている）。また、イスマーイール（イシュマエル）の物語のところでは、彼が父に向かって、「私はきっと、イン・シャー・アッラー、忍耐することでしょう」と言っている。

ユースフやイスマーイールは旧約聖書にも登場する人物であるが、クルアーンの中では、信徒の手本となる人々である。彼らが、未来については必ず「イン・シャー・アッラー」と言うよう勧めている。これは、エジプトは安全ではないかもしれません、とか、イスマーイールは、実は忍耐が足りないかもしれません、と示唆しているわけではない。安全も忍耐も、神の意思と加護によってのみ実現するということを、あらためて確認しているだけなのである。

次に紹介する章句は、もっとすごい。というのは、預言者ムハンマドと啓示に直接関わる部分だからである。

ムハンマドは読み書きができなかった。彼は、クルアーンを啓示として受け取ったとき、それを暗唱するしかなかった。イスラームでは、天使が神の啓示を彼に運んできて、そのたびに彼はそれを覚えた、としている。忘れたら大変である。当然、そのことはムハンマド自身も心配した。それに対して、神の保証が与えられたのが、「われ〔神〕は、汝に朗誦させるようにした。これゆえ汝は忘れないであろう」という章句であった。

ところが、その直後に、「ただ、アッラーが〔忘れるよう〕お望みにならない限り」と但し書きが来るのである。素直に文面だけを見れば、「汝は忘れないであろうが、忘れるかもしれない」と言われているようにも感じられる。「来週、お届けしましょう、イン・シャー・アッラー」と言われて、「来ないのではないか」という不安を覚えるビジネスマンなら、「やっぱり、忘れるのかもしれない」と解釈するに違いない。

ムスリムの心性から言えば、「汝は忘れないであろう」と言われた時点で安心し、他の可能性は神に託してしまうのであるが、この心の仕組みを理解するのはなかなかむずかしい。人間の努力と全能の神が定める運命の関係について日本語で一番近い表現を探すと、「人事を尽くして、天命を待つ」であろう。これをイスラーム風に言えば、「人事は尽くしますよ。お約束しましょう。天命はと言えば、イン・シャー・アッラーです」となるかもしれない。

しかし、大きな違いがある。「人事を尽くして、天命を待つ」と私たちが言うときは、人事と天命は別のものである。ところが、イスラーム的な認識では、人事と天命は実はコインの両面のようになっている。人間の行いは、人間の方から見れば自由な活動であり、努力であり、本人の意思であるが、神の次元で見れば、すべて定められた運命なのである。

「明日お持ちしましょう、イン・シャー・アッラー」という言葉を聞くと、私たちは、神がお望みになるかどうかは明日のことのように感じるが、「イン・シャー・アッラー」を正確に訳すると「もし、アッラーがお望みになったならば」という過去形である。つまり、明日それが起こるかどうかは、天地

石に書かれた章句　クルアーンの章句が刻まれた石は、女性たちが好む装身具の１つ。丸石の１つには純正章が刻まれている——「言いなさい、アッラーは絶対無比者」で始まる４節のみの章であるが、その価値は「クルアーンの３分の１」に相当するとされる。

創造以前の無限の昔において、すでに神が決めている、というのが神学的な内容なのである。

まじめに約束を守るのも、のんびりした時間感覚のなかで自分なりに一生懸命暮らすのも、必死で生きるのも、この現時点を生きている自分の問題である。しかし、その行いの一つ一つ、暮らしの一分一秒のすべてが、神の決定であり、神の意思である、と言う。

不思議な矛盾のようにも見えるが、彼らは、自由と運命の両面を、同じものとして同時に生きている。運命がどのようなものかは、それが実際に起こるまでわからない。日々の行動は自分の意思と決断であるが、結果が生じると運命がどのようなものか、はっきりとわかる。そのことが、「イン・シャー・アッラー」には隠されているのである。

「やさしい章句を読みなさい」

فَاقْرَءُوا مَا تَيَسَّرَ مِنْهُ

ファ＝クラウー・マー・タヤッサラ・ミンフ

＊

【その〔クルアーンの〕中から
やさしい章句を読みなさい】

クルアーン屋の主人(右)**と顧客**(カイロ旧市街)
書物としてのクルアーンは、前近代の写本でも現代の印刷本でも「ムスハフ」と呼ばれる。この店はムスハフだけを売る専門店。

人間は、朝型と夜型に大別されるという考え方がある。その区分に従えば、研究者の多くは夜型だと思う。夜中に本を読み、論文を考え、原稿を書く。中には、早朝から起きて、他の研究者が寝ている間に仕事を進める人もいるようであるが、私の場合は典型的な夜型人間で、作品の大半は夜更けに生産している。

カイロに住んでいる頃もそうであった。明け方になって、近隣のモスクから礼拝を呼びかけるアザーンの声が聞こえてくる刻限まで、仕事をしていることが多かった。午前中のモスクは、その後は昼になるまで静かである。ところが、ある日、午前中なのに拡声器でやたらにクルアーンの朗誦が聞こえてくる。

しかも、あまり上手ではない。何事かと思って聞いていると、近くの小学校の卒業朗誦会であった。子どもたちが、習い覚えたクルアーンの短い章を、一生懸命にマイクの前で読み、学習の成果を披露している。プロの朗誦師でないと知った上で聞いていると、それなりにうまい子もけっこういる。

ベランダに出て、耳を傾けていると、隣家のメドハトお爺さんもベランダに顔を出し、「今の子は、うまいぞ。あれはなかなかなものだ」と、楽しそうに講評を始めた。彼はもう引退した元公務員であるが、子どもが一生懸命クルアーンを勉強しているのが、嬉しいらしい。結局、その日の午前中は、近隣に鳴り響く子どもの声を聞いて過ごすことになった。昔風に言えば学芸会であろうか、日本でも「文化祭」や「…発表会」と題して、両親などに日頃の勉強や活動の成果を見せる機会があるが、そのイスラーム版ということになる。

イスラームの聖典クルアーンは、もともと「読まれるもの」「朗誦されるもの」という意味で、暗記と暗誦が尊ばれる。子どもの教育でも、短い章を暗記させるのは定番となっている。前近代であれば、日本の「寺子屋」に相当するクッタープで、もっぱらクルアーンの暗誦をさせていた。今でも、小学校の正課の一部にクルアーン学習が組み込まれていることが多い。その場合の学習とは、まず暗記である。

メドハトお爺さんも「クルアーンの暗記が、きちんとしたアラビア語を学習するには一番だ」と力説していた。聖典の暗記はイスラーム的な善行であるが、宗教的な意味だけではなく、言語の学習という観点からも推奨する人が多い。確かに、アラビア語の文法も修辞学もクルアーンを基礎に発展したから、その原文を暗記していれば格調の高い言葉が身につくのも当然かもしれない。

一字一句間違えずに覚えるのは大変そうであるが、子どもにとっては、書き取りや計算より楽であろう。エジプト人の家庭に遊びに行くと、父親が子どもを呼んで、「息子よ、朗誦してごらん」と客に向かって朗誦させたりする。しかも、客も父親も、特別なイスラーム教育を受けているわけでもないのに、子どもが間違えると即座に直す。大人のほうも「昔取った杵柄」で、たいていはわかるらしい。

後にイスラーム学者として名を成した人の伝記などを読んでいると、「七歳でクルアーンの暗記を終えた」「九歳で終えた」というような記述がたくさんある。一〇歳では遅い方という印象である。後に学問で名を成す人であるから、「神童」だったのかもしれないが、六、七歳で覚えてしまうのは、さすがに驚きである。

書物の形になっているクルアーンは「ムスハフ」という。大判でも三〇〇頁、開いて片手で持てる程度のハンディ版（本書程度の大きさ）ならば、五〜六〇〇頁はある。これを全部覚えて、しかも、一字一句間違えないというのは、相当な技である。クルアーンの章句の中には、冒頭の接続詞だけが「ワ（そして）」と「ファ（それから）」と違っていて、続く文は全く同一というような、紛らわしい場合が少なからずある。一、二語だけ違っている同一の文もある。それを取り違えることも許されないのである。

とはいえ、現代ならばこの「ムスハフ」がどこにでもあるから、間違いをチェックするのは簡単である。開祖ムハンマドの時代はそうではなかった。「神の啓示」としてのクルアーンは、およそ二三年間にわたって章句が累積したものなので、最初の頃は分量も少なかった。しかし、識字者は珍しかったし、筆写用の素材も不足していた。

製紙法が中国から伝わるより一世紀も前のことで、当時のマッカでは羊皮紙、鹿皮紙などが貴重品だったようである。記録には、平たい石やラクダの肩甲骨なども用いたとある。しかし、当時の記録の基本は、あくまで暗記であった。

そもそも、ムハンマド本人は読み書きができなかったので、暗記するしかなかった。クルアーンにも「彼ら〔信徒たち〕は、無文字の預言者・使徒に従っている」（高壁章一五七節）とある。「無文字」の者は読み書きができない。クルアーンは彼と大半の弟子たちにとって「音」であった。

預言者とは「言葉を預かる人」の意味であるから、預かり物はいわば信託である。「音」としての聖典を預かった以上、当然それをなくしてはならない。なくさないようにするには、どうするか。暗記したものを忘れない、ということであるが、どうやったら忘れずにすむか。弟子たちの場合は、まだよい。万一忘れたら、ムハンマドのところにまた教わりに行けば、それで済む。源泉であるムハンマドは、どうすべきか。

ムハンマドは抜群の記憶力を持っていたようであるが、それでも、プレッシャーが強かったことは想像に難くない。新しい啓示の句を覚えようと必死になっているムハンマドに、「急いて、汝の舌を動かすなかれ」(復活章一六節)という指示も記録されている。そんなに心配せずとも、「それ〔クルアーン〕を集めるのも、読ませるのも、神の務めである」(同一七節)と、ムハンマドは言われた。

クルアーンを朗誦するようにとの指示は、「クルアーンの中から、やさしい〔容易な〕もの〔章句〕を読みなさい」(衣をかぶる者章二〇節)と述べられている。こちらは、命令形の複数なので、信徒たち全体に対する指示である。「やさしい〔容易な〕章句を」ということは、無理をせずに暗記しているものを繰り返し朗誦しなさい、というニュアンスとなっている。

実は、大人にとっては、暗記することよりも、それを維持することの方が大変である。たとえ、最初に暗記したのが五、六歳の子どもの時でも、大人になれば、同様の問題が生じる。あるとき、毎日の通勤に小一時間の道を歩いている知人に「なぜ、バスを利用しないの?」と聞くと、歩きながら、クルアーンの復唱をしているのだという。クルアーンを覚えることは宗教的な善行であるが、実は、それを忘れることは宗教上の罪となっている。覚えるのは任意の善行でも、覚えたものを忘れないのは義務行為なのである。

復唱して記憶を更新するやり方に、章句を逆順に読むという珍しい方法がある。たとえば、「人間に食べ物について考えさせよう。/神は、豊かな雨を注ぐ。/そして、大地をきれぎれに裂く。/そして、そこに穀物を育てる。/また、葡萄や青草、/オリーブやナツメヤシ、/茂った庭園、/果物や牧草〔を生長させる〕。/汝らと、汝らの家畜のための糧である」(眉をひそめた章二四〜三二節)という章句がある。このように順番のある文章を、最後の「汝らと、汝らの家畜のための糧である」から逆の順に暗

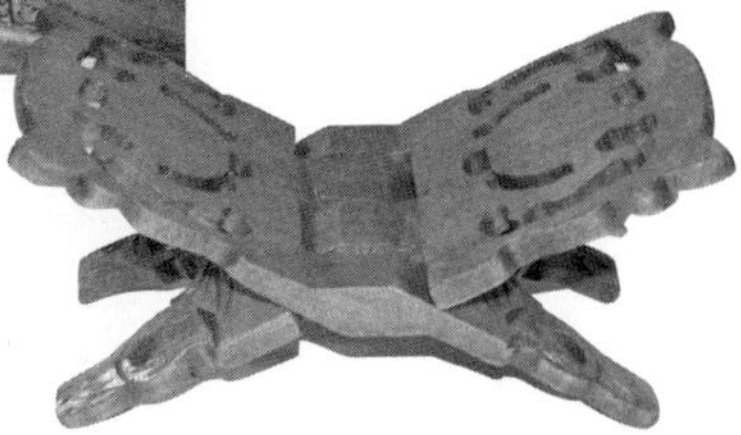

クルアーンを載せる台　クルアーンは聖典なので、読む時に床に置いてはいけない。そのために専用の台が用いられる。右はパキスタン製。上はカイロの歴史的モスクにある台。かつては巨大な羊皮紙写本をV字型のくぼみに置き、その前に朗誦者が座った。

誦する。逆順なので、意味のつながりが切れており、単に文字を読むのでも読みにくい。

それなのに、このやり方をする人はあたかも目の前に本があるかのように、スラスラと読む。逆から思い出せるのであれば、もちろん正しい順序でも簡単に暗誦できる。まるで、「記憶の力技」という感じがする。しかも、それをやってみせてくれる人は、実に嬉しそうな顔をしている。

暗記力が自慢なのか、聖典をちゃんと覚えているのが嬉しいのか。たぶん、その両方なのであろう。こういう姿を見ていると、クルアーンは「心に刻む書物」であると思えてくる。一冊丸ごと心に刻んだ人が、あちこちにいるのがイスラーム社会というものなのであろう。イスラーム世界には、聖典の章句を心に刻む喜び、という特別な悦楽がある。

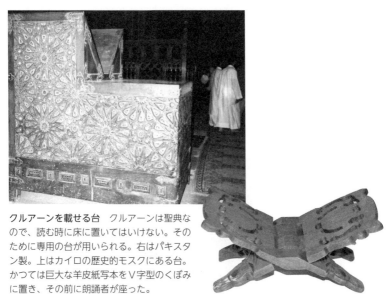

「汝らに定められた」

كُتِبَ عَلَيْكُمْ

クティバ・アライクム

＊

【汝らに定められた】

携帯電話の待ち受け画面　現代のデジタル時代では、聖典の章句やそれを用いたデザインもネットで配信され、電話やパソコンの待ち受け画面などに使われる。

カイロで暮らしていたある日のこと、友人のハムディさんと街中で落ち合った。彼も忙しい日で、それまで走り回っていたらしい。「目が回るね」と、一息ついた。午後もかなり過ぎた頃であったが、ハムディさんが「あ、いけない。昼の礼拝がまだなんだ」と、近くのモスクに駆けこんでいった。と、すぐに、次の礼拝の刻限が来た。

モスクからは、朗々とした声で「アッラーフ・アクバル（アッラーは偉大なり）」と声が響いていく。アザーンと呼ばれる礼拝の呼びかけである。イスラームでは日に五回の礼拝があり、そのたびに刻限を知らせるアザーンで呼びかけるようになっている。このときは、午後遅くの礼拝の時間となった知らせであった。ハムディさんは昼の礼拝に遅れてしまった。

と思いきや、「いやあ、よかった。〝髪の毛〟の差で間に合ったよ」とハムディさんは涼しげな顔をしていた。アザーンが始まる三〇秒ほど前に、昼の礼拝を始めることができたのだという。一回の礼拝は五分ほどかかるが、いったん昼の礼拝の刻限中に始めれば、それは昼の刻限にきちんとおこなったことになるのである。

「いつもは、もっと早くにするけれど、今日はぎりぎりだった」と言いながら、ハムディさんは「預言者様の言葉にも、刻限の最初のお祈りは神の慈悲〔を得る〕、刻限の最後のお祈りは神のお赦し〔を得る〕というからね」と解説してくれる。たとえ三〇秒でも間に合っていれば、刻限を守ったことになるところが面白い。

ムスリムたちは、礼拝の時間についていろいろと細かなことを言う。たとえば、五回の礼拝の一つに日没の礼拝がある。日が沈むとおこなう礼拝であるが、実は日没時そのものは礼拝禁止となっている。日の出、正中（正午）、日没の瞬間は、太陽信仰と区別するために礼拝をしないのである。ハムディさんは、「だから、日没直前の一五分も、礼拝を避けるべき時間となっている」と言う。「もし、日没近くになっても、午後遅くの礼拝をまだ終わってなかったら？」と尋ねると、「その時は、するよ。避けた方がいいけれど、禁止時刻ではないからね」という答え。

確かに、クルアーンにも、「礼拝は信徒たちにとって刻限の決まった定めである」（女性章一〇三節）と明言されている。つまり、イスラームの礼拝は時間にうるさい、ということである。もっとも、礼拝の刻限というのは、実は特定の時刻のことではなく時間帯のことである。それぞれ一時間半かそれ以上の幅があるから、うるさいといってもその時間帯に入っていればよい。

日本人がよくする質問に、「日に五回も礼拝があると、仕事に差し障るでしょう?」というものがある。確かに九時から五時の間に五回もあるのでは、困りものである。ただし、五回のうち一回は早朝、一回は夜であるから、日没後まで働くとしても仕事中は三回である。

イギリスで調査をしたときに、インタビューに応じてくれたパキスタン系のビジネスマンが「一回五分の話だから、休憩をどう過ごすかという個々人の自由の範囲でしょう」と答えたのを思い出す。イギリスではムスリムはマイノリティであるが、彼の職場では理解があるという。

イスラーム諸国では、企業ビルの一角に礼拝所を設けてあるところがたくさんある。そうであれば、そこへ立ち寄ってさっと祈るという程度で、特に業務に影響が出る感じではない。

マレーシアで尋ねた時は、「時間に合わせてきちんと働くことと、時間に合わせてきちんと礼拝することは、同じイスラーム精神の発露なのです」と、自慢げに言われた。マレーシアは経済発展がうまく進んでいるためもあって、イスラームと近代化は適合すると、自信をもって語ることが多い。

しかし、どれだけ簡単だとしても、毎日のことである。クルアーンで「礼拝は刻限が定められている」と言われれば、言われたままに時間に合わせて礼拝をして暮らすという感覚は、日本から見れば不思議である。「イスラームは戒律の厳しい教え」という印象となるのも、当然であろうか。

クルアーンの中で戒律を定めた章句は、全体の量から言えば、それほど多いわけではない。しかし、戒律の命令は簡潔で、断固としている。

「おお、信仰する者たちよ」の呼びかけがなされることは前に触れた（第Ⅱ部「おお、人々よ」）。その後に命令の文言が続くことも多い。たとえば、「信仰する者たちよ、証言にあたっては公正でありなさい」（女性章一三五節）、「信仰する者たちよ、契約を果たしなさい」（食卓章一節）などである。「信仰する者たちよ、巡礼中は〔狩猟して〕獲物を殺してはならない」（食卓章九五節）のような、巡礼時だけの特別の命令もある。

戒律の表現として興味深いのは、「汝らに定められた」という言葉である。たとえば、「信仰する者たちよ、汝らに断食が定められた」（雌牛章一八三節）とある。いわゆるラマダーン月の断食のことである。その直後にも「汝ら以前の者たちにも定められたように」（同前）と同じ表現が使われているが、「定められた」とここで訳した言葉は、直訳すれば「書かれた」となる。「義務として定められた」という意味であるが、アラビア語の受身形は、英語と違って主語を記さないので、これだけでは誰が書いたのかわからない。

しかし、少し後の箇所を見ると、「アッラーが汝らのために定めた〔書いた〕ものを望みなさい」（雌牛章一八七節）とあるから、書いて定める主体が神であることがわかる。では、「書く」ことがなぜ「定める」ことになるのであろうか。そもそも、どこに書くのか。

たとえば、ハディースを見てみると、その一つに、母親の胎内で人が育つとき「天使が送られ、霊を吹き込むとともに、（天使は）四つの言葉を書くよう命じられる。すなわち、その人の（生涯の）糧、寿命、行い、幸・不幸である」と述べられている。ここから、「書く」ことに運命を定める意味もあることがわかる。人間が生まれるとき、見えない場所にその人の運命が書かれているわけである。

何かが存在する前に「存在に先行して言葉がある」というのは、実はクルアーンの重要なモチーフの一つである。「アッラーは何かを決定すると、『有れ！』と言い、ただちにそれが有る」（赦す者章六〇節）というのである。

この場合は、個々人の運命のような小さなことではない。世界の存在物はすべて「有れ！」という命令の言葉で創造されるというのである。当然ながら、世界が創造される以前に、世界を創造する神の言葉が先行していたことになる。いわば、世界はなくとも、世界という言葉は神の御許《みもと》にあった。神は万能にして全知という考え方からすれば、神がこれから創造する世界を知っているのも当然であろう。

そのイメージから言えば、イスラームの戒律もその定めも、ムスリムが存在する以前から、あるいはムハンマドが啓示を受け取る以前から、さらに言えば世界が誕生する以前から、神の言葉としてあったということになる。それはどこに書かれていたか。

答えは「それは、荘厳なるクルアーンである。守護された天板に［書かれて］ある」（星座章二一～二二節）ということであろう。天に存在する書板が登場した。さらに「筆と書かれたものに誓って」（筆章一節）には、天の筆も登場する。この筆は世界創造に先立って創造され、まず、これから起こるすべてを

カアバ聖殿で祈る夫婦　聖典では定められた礼拝のほかに、任意の自由な礼拝もおおいに推奨されている。信徒たちが聖典の言葉に従うのは、誰に強制されているわけでもない。自分たちが納得してよいことと思うから、実践するのが楽しいと言う。

書き留めたという。ここには壮大なコスモロジー（宇宙論）がある。

啓示の言葉も、天板に書き留められ、悠久の時が過ぎ、地上に下される時代までそこに守られてあった。そして時が満ちて、イスラームの時代が来て、ムハンマドを通して信徒たちに言われる――「汝らには〔…が戒律として〕書かれてあったのだ」と。

このように、クルアーンが読む者たちの心に作り出す心象風景には、広大な宇宙と、それを超える世界のイメージが含まれている。戒律の言葉も、そのような宇宙論に支えられながら、信徒に届くようになっているのである。外から見れば、面倒な戒律がなぜか命じられているように見えても、実はそこに、宇宙論的な必然性とでも言うべきものが、密かに埋め込まれている。

地上の代理人

إِنِّي جَاعِلٌ فِي ٱلْأَرْضِ خَلِيفَةً

インニー・ジャーイルン・フィ=ル=アルディ・ハリーファ

＊

【われ〔アッラー〕は地上に代理人を置くであろう】

東南アジア的な風景の中のモスク（ブルネイ・ダルサラームの首都）　ここは珍しい現代のスルタン国で、「イスラームを守る善男善女の国」をめざしている。

イランでイスラーム革命が起きた直後のことであるから、三昔以上も前になるが、人間の寛容さをめぐってエジプト人の友人たちと大討論をしたことがある。話はこうである。

イランではパフラヴィー王朝が一九二〇年代からずっと続いていたが、過度の西洋化やら反イスラーム政策がたたって、とうとう一九七八年にイスラーム的な革命運動が勃発した。警察や軍を総動員して弾圧に当たったが、翌年には王政は崩壊した。国を捨てた国王は、あちこちの国を回った後、ようやくエジプトに安住の地を見いだした。

ところが、イランの革命政府は、エジプトに対して「裁判にかけるから、元国王をイランに戻せ」と要求した。王政の時代には秘密警察の毒牙にかかった人もたくさんいたし、いったん裁判となれば、元国王の処刑もありうる、と思われた。このイラン政府の要求に、エジプト人の友人たちは憤慨していたのである。「渡してなるものか。客が懐に飛び込んできたら、何があっても守ってあげるのがイスラームというものだ」と言う。

友人の一人マフムードさんの意見は、そもそもイラン政府の要求がおかしい、と言う。「革命で王様を追い出した。それで十分ではないか。落魄した王様をさらに追い回して、自国に連れ戻してひどい目に合わせようとするのは、人の道に反する」とまで言う。面白いことに、この友人たちは王政支持でもなければ、保守派でもない。エジプトは一九五二年に共和革命で王政を打倒した。私の友人たちはみな革命後に生まれているから、共和制がよいのは当たり前と思っている。自分たちも王政を打倒した、という前提で話しているのである。

「エジプトでは」と、マフムードさんは力説した。「王政を打倒したら、ファールーク国王を船に乗せて、さようならと見送った。王族も殺したりはしなかった。イスラームは寛容の宗教なのだから、それぐらいがいい。革命だからといって、やたらに血を流すべきじゃないんだ」。

実際、パフラヴィー元国王は、エジプトの賓客としてしばらく過ごし、ナイル川を見下ろす陸軍病院で亡くなった。生きている間も、死んだ後もイランに戻されることはなかった。亡骸は現在も、カイロ旧市街のモスクの敷地内に埋葬されている。パフラヴィー元国王の最初の結婚は、当時はまだ王政だったエジプトの王妹が相手だったから、カイロは元妻の故郷である。国を追われた元国王がここを最期の地としたのも、偶然ではない。

ただし、わが友人たちは、元国王本人を擁護したかったわけではない。彼らの主張は、「イスラームの政治は寛容を重んじるべき」という点にあった。当時のエジプトでもイスラーム復興の傾向が強まりつつあったから、イランでの革命は他人事ではなかった。欧米では、「イランの次はエジプトでイスラーム革命か?」との論評までされていた。

イラン革命をきっかけに、イスラーム国家論、イスラーム政治論がさかんになった。エジプトもそうであるし、他のイスラーム諸国でも同様である。二〇世紀の革命は、ふつう、民族主義か社会主義に立脚するもので、イスラームという宗教を掲げたイラン革命は、全く型破りであった。二〇世紀の終わり頃になって「宗教による革命!?」という驚きは、国際社会を揺さぶったし、イスラーム世界全体にも大きなインパクトを与えた。現代政治において、それまでにないパラダイムを提起した革命と言える。

それだけに、多くの誤解も生じた。その一つは、イランは「神権政」であるという見方であろう。神権政とは、通常、神または神の代理人を名乗る人物が支配することを言う。しかし、あらためて述べるまでもなく、イスラームでは神は絶対的な超越者であり、人間が「私はアッラーである」と主張することはありえない。

では、「神の代理人」という考えはあるのであろうか。聖典クルアーンをひもとくならば、確かにある。「汝の主〔アッラー〕が、天使たちに『われは地上に代理人を置くであろう』と言った時を想起せよ」（雌牛章三〇節）とある。これは、人類の祖アーダム（アダム）の誕生物語の一部である。神は、地上における代理人として、人間の創造を宣言した。すると、天使たちは驚いて「地上で悪をなし、血を流す者を置かれるのですか。私たちがあなたを称讃し、あなたの神聖さを称えていますのに」（同）と言う。

その後の人類の歴史を考えると、この天使たちの指摘には耳が痛いが、神はそこで天使たちに「われは、汝らの知らないことを知っている」（同）と述べる。そして創造されたアーダムに「すべてのものの名称を教えた」（同三一節）のである。この物語から、イスラームが人間性善説であり、また人間の知性と理性に信頼を置いていることがわかり、非常に興味深い。

ともあれ、地上における神の代理人となったのはアーダムとその子孫たち、つまり全人類である。したがって、特定の人間が他の人間に対して、神の代理人として支配することはできない。マフムードさんも、「人間はみな神のしもべ」という議論が大好きであった。「唯一神にだけ帰依するということは、人間が他の人間に隷属することはありえないという意味。神への帰依は、むしろ人間を自由にするのです」という彼の言葉を思い出す。

ムハンマドはイスラームの開祖であり、「アッラーの使徒」と名乗った。創造主の使徒とは巨大な称号であるが、よく考えてみると、使徒とはメッセンジャーであるから、知らせを届ける役割に過ぎない。開祖といえども、神を代理する権限はなかった。

クルアーンには「ムハンマドはただ使徒に過ぎない。彼の前にも、多くの使徒が過ぎ去った。彼が死ぬか殺されたら、汝らは踵を返すのであろうか。誰が踵を返そうとも、アッラーをいささかも害することはできない」（イムラーン家章一四四節）と断言されている。ただし、「言え、『私は汝らと同じ人間に過ぎないが、私に啓示が下された』と」（解明章六節）。要するに、メッセンジャーということなのである。

神の代理人といえば、塩野七生の名作『神の代理人』を思い出す。若いとき、私はこの本の面白さに夢中になった。ここでの神の代理人は、神の子イエス・キリストの代理人としてのローマ教皇を指している。イスラームの場合は、「神の子」という概念も嫌った。アッラーは「生みもせず、生まれもたまわず、比べうるものは何一つない」（純正章三〜四節）というのが教義である。

ところが、イラン革命が「神の主権」に立脚すると唱えたため、これは国民主権を否定する「神権政」なのだという批判が、欧米からしきりとなされた。今でも、時折、そのような説を耳にする。確かに、「神の主権」というと、人間に主権がないように聞こえる。

しかし、革命後のイランにせよ、サウディアラビアのような保守的なイスラーム王国にせよ、政治を取り仕切っているのは人間である。彼らは、神の主権と口にしても、自分たちの裁量で内政を行い、他国と外交関係を築いている。イランにしても、政府は対米強硬策を取ったり、失業対策をしたり、やっていることは普通の政府である。確かに、両国ではイスラーム法学者が大きな発言権を持っている。しかし、イスラーム法がクルアーンに基づくという点を除けば、彼らは法曹家たちであり、その議論も人間の営為である法学の論理に依拠している。

練り歩くイランの若者(テヘラン)　イラン・イスラーム革命は、現代においてイスラームの理念を実現しようとして始まった。王政時代に西洋化がどんどん進み、アイデンティティの危機が生じる中で、自文化を取り戻そうとした壮大な実験でもあった。

よく考えてみると、「神の主権」とは、人間が自分で統治をしてよい、という理論付けなのである。神はアーダムとその子孫たちを「地上における代理人」として創造した、だから、人間は神が創造した大地を利用する権利を持っているし、国家の運営や統治をする権限が与えられている、という考え方なのである。そうすると、人間が主権を行使する点では国民主権とそれほど変わりはないことがわかる。

西洋的な国民主権の場合、人間は互いに社会を作る黙契をしているから主権を行使できる、と考える（社会契約説）。イスラーム世界は、唯一神の実在を前提としているから、アーダムの創造から人間がなぜ主権を行使できるのかを説く。この違いは単に世界観の違いと言える。それをふまえれば、「神の主権」のロジックも、十分に理解可能なことではないだろうか。

「楽園には川が流れる」

﴿جَنَّٰتٌ تَجْرِى مِن تَحْتِهَا ٱلْأَنْهَٰرُ﴾

ジャンナートゥン・タジュリー・
ミン・タフティハ=ル=アンハール

＊

【その下を川が流れる楽園〔が報奨である〕】

ウマイヤ・モスクのモザイク画(ダマスカス)
7世紀半ばにシリアを中心に成立したウマイヤ朝は、ビザンツ様式を継承した大きなモスクを建てた。美しいモザイク画はイスラームが好む緑の庭園を描いている。

アフリカの北西端のモロッコ王国は、いろいろな意味で伝統文化の強い国として知られる。中でも、マラケシュ、フェズ、メクネスなどの古都は、旧市街地が古き時代の名残を伝えている。その一つ、メクネスを訪れた時、たいそう豪華な歓待を受けたことがある。

知人が「今晩は、知り合いの家で宴があるから、一緒に行こう」と誘ってくれた。宴といっても、酒がでるわけではないので、要は夕食を食べ歓談する会である。行ってみると、どうやらメクネスの名家らしく、広々とした客間に三、四〇人ほどのお客がいるのに、空間はゆったりとしている。

主人が「日本人とは珍しい」と喜んで、もてなしてくれた。イスラーム圏では肩から足まで達する長衣を着るが、モロッコの長衣は頭巾が付いていて、それを背中に垂らすようになっている。その伝統服を着た主人が、手ずから食後のお茶を客たちにいれてくれる。モロッコのお茶は、緑茶を煮立てながらたくさんの砂糖を入れる。日本茶の感覚からは邪道のように見えるが、ミントの香りと相まってこれが実においしい。

さて、ここで話題にしたいのは、この豪邸が外からは全くわからない点である。旧市街地は、どこでも細い曲がりくねった道が迷路のように続いている。両側には、石の壁が立ち、中は全く見えない。石の壁は華やかさを全く欠いており、壁の向こうに何があるか、想像もつかない。壁には鉄製の扉が付いているのであるが、中に入れてもらえない限り、貧者の家なのか、富者の家なのか、大きささえわからない。

この名家の場合も、小さな路地の扉から中に入ると、壁の中は豪邸だったので、驚愕した。これは実は、イスラーム都市の特徴をなしている。その背景にはプライバシーを極端に重んじる考え方があるが、それにしても家の規模すらわからないのは徹底している。街が見晴らせる丘に登っても、箱のような家がぎっしり詰まっているのが遠望できるだけである。

いきおい、外側だけ見ていると、色気のないアパートのようなものが中にあるような気がしてしまうが、実は、屋内には必ずといっていいほど中庭がある。私が訪れた豪邸では、中庭に樹もあり、心地よい空間が広がっていた。

「できることなら、誰だって、樹と水のある庭がほしいものだよ」というのは、知り合いになったアラウィー氏の解説。その理想は簡単に実現できるものではないが、昔の王侯貴族はそれを果たすことができた。現在は博物館になっている歴史的な宮殿に行くと、緑茂る庭があり、時には、小さな川さえも作られている。しかし、そのような宮殿ですら外からは豪華さがわからない。くすんだ壁を回って門をくぐると、別世界が開けるのである。

このような庭園には、枯山水のような趣味はどこにも見られない。可能な限り、緑と水が追求されている。イスラーム建築で緑の庭園を好むのは、明らかにクルアーンに述べられた天国のイメージを反映している。

クルアーンに繰り返し登場するのは「庭園」を表す「ジャンナ」（多くはその複数形のジャンナート）の語である。この語は信徒に約束された幸福な来世を指すが、「天の国」の意味はないので「天国」や「極楽」よりも「楽園」の訳語がふさわしい。「その下を川が流れている」（雌牛章二五節）が定番の修飾語である。ジャンナートの語はクルアーン全体で六九回登場するが、そのうち半分以上に「その下を川が流れている」という形容が付されている。

庭園である以上、木々が茂っているのは当然であろう。そして、多くの川が豊富な水を運んでいる、というイメージである。川は水だけではない。純粋な乳の川、美酒の川、蜜の川もある（ムハンマド章一五節）。「エデンの園」（アラビア語ではアデンの園）「フィルダウスの園」（フィルダウスはパラダイスの語源）といった固有名詞も見えるが、いずれも川と緑がふんだんにある楽園である。「主を畏れる者たちには、その下を川が流れる楽園があり、その中にとこしえに住まうのである」（イムラーン家章一九八節）。そして「楽園の人々は〔楽園に入る〕この日、喜びが絶えない。彼らとその配偶者たちは木陰で寝台に寄りかかり、彼らには果物や何でも望みのものがある」（ヤースィーン章五五〜五七節）という。「そこには、たくさんの果物、ナツメヤシ、ザクロがある」（慈愛者章六八節）。

イスラームが誕生したマッカはアラビア半島の乾燥地帯の中にある。かろうじて、泉が湧いて人間の生を可能にしているが、農業をするほどの水源はない。そのためもあって、マッカの人々は商業に従事し、交易都市としてマッカを発展させた。ムハンマドが後に移住したマディーナは農業都市で、現在でもナツメヤシなどの農産品で知られているが、周辺は過酷な沙漠である。

このようなところでイスラームが生まれたため、天国のイメージが緑生い茂る楽園となっているのだ、という説がある。つまり、沙漠の民のあこがれが楽園のイメージに反映しているという説である。これは一見もっともらしいが、どうであろうか。というのも、水の豊富な東アジアでも「桃源郷」のイメージは桃の咲き乱れるユートピアであるし、平穏で水も食べ物も一切心配のいらない場所は、どこの誰にとっても理想郷となりうるからである。

実際、イスラームが説く楽園のイメージは、中東以外の水や緑が豊富にある地域でも、信徒たちにとっては魅力的なものである。そうでなければ、熱帯雨林もある東南アジアなどでイスラームが広がっていることが理解しにくい。とはいえ、乾燥地帯の人々にとって、「川の流れる楽園」がいちだんと強いアピール力を持っていたことは疑いを入れない。

この楽園には、一度でもそこから水を飲むと、二度と渇きを覚えない川があるとされる。その名を「カウサル」というが、これは特にムハンマドに与えられた川である（カウサル章一節）。「喉の渇きを二度と味わわずにすむ」ことがどれほど魅力的か、乾燥地帯の暮らしを知らない者には想像がむずかしいかもしれない。

ムハンマド時代のアラビア半島でも、旅人に水を与えるのは義務とされていた。乾燥地帯で水を大事にするのは当然で、ムハンマドも、礼拝のための清めをするときも「たとえ大河であっても、無用に水を使わないよう」戒めていた。水を大事にする考えや水を共有する文化はイスラームとともに各地に広まった。

中東では喫茶店に行っても、水のコップは人数分出てこない。客が五人でコーヒーを五人分頼んでも、水のコップは二つだったり三つだったりする。一つということさえある。日本ならば人数分出てくるが、中東では一緒のコップで飲むのである。これも、水を共有する観念に由来する。

天国の反対は地獄であるが、そちらはどうなっているのであろうか。クルアーンには、血の池も針の山も出てこない。ひたすら炎である。その意味では「火獄」の訳語があたっているかもしれない。

不信仰者は火焔に焼かれるという。「主を信じなかった者には火獄の罰がある」（大権章六節）、「巨大な炎に焼かれ、その中で死にも生きもしない」（至高者章一三節）。実のところ、楽園の描写と比べると単純で、ひたすら永遠の炎が強調されている。悪行の種類に応じて種々の罰がある地獄のイメージを予想

ナイル川の風景（エジプト）　ここには、世界最長級のナイル川の豊かな水、ナツメヤシの木、高くそびえるモスクのミナレットがそろっている。エジプトは7世紀にイスラーム化してから、長らくイスラーム世界の中心地の１つとして栄えてきた。

していると、その単純さは驚きであろう。

アラウィー氏によれば、「真実を認めない人は真の実在から遠いのであり、それゆえ炎によって滅却されざるをえない」ということなのだという。アラウィー氏は哲学的な人物なので、むずかしい言い方をしているが、火獄がひたすら炎と火焔であることの説明にはなっている。クルアーンでは不信仰者を「カーフィル」と呼ぶが、これも元来は「真実を隠す者」を意味している。

楽園を乾燥地帯の気候と結びつけるのであれば、火獄を沙漠の灼熱と結びつける解釈もありそうである。宗教として見れば、楽園と火獄の対照性は他の宗教の来世観とも似ている。しかし、クルアーンの場合、川と緑の庭園が強調されて火焔と対照されているところにイスラームの特徴が現れている。

「夫婦は互いの衣」

﴿هُنَّ لِبَاسٌ لَّكُمْ
وَأَنْتُمْ لِبَاسٌ لَّهُنَّ﴾

フンナ・リバース・ラクム・ワ・アントゥム・
リバース・ラフンナ

＊

【彼女たちは汝らの衣であり、
汝らは彼女たちの衣である】

エジプト人の新婚夫婦（カイロ）　庶民の新婚さんは、たいてい自宅で披露宴を開く。建物に華々しい電飾を飾り、親戚・友人が集まって、一晩中祝いの騒ぎが続くが、うるさいと近所から文句が出ることもない。

イスラームは結婚を推奨する。ムスリムたちも皆、結婚が大好きで、結婚のこととなると身を乗り出して語る。例外もいるかもしれないが、少なくとも私の知人たちは誰もが、「結婚はいいことだ」と口をそろえて言う。

若い未婚の男性も女性も、聞くと「結婚？　もちろん、したいよ」と答える。これは、昨今の日本の結婚観から見ると、いささか違和感を感じる光景である。今の日本では、結婚しない人が増えているが、ムスリムたちは、結婚することに何の疑問も持っていないように見える。

先日、パレスチナ人の友人に、「今の日本では、あまり結婚したがらない女性が増えている」と教えると、驚いて「パレスチナの女性たちは、みんな結婚したがるよ」と、目を丸くしていた。いわゆる結婚適齢期は早く、一六歳から二三歳くらいだという。

エジプトの友人のファトヒー氏によれば、イスラームは「家族を社会の基礎単位とみなしている」。そして、家族というものは「男女の結婚によって成立する」。だから宗教的にも結婚が大事、と言うのであるが、それは理屈というものであろう。「ぜひ、結婚したい」と言う若者たちは、理屈抜きで結婚がいいと思っている。

預言者ムハンマドは「結婚は信仰の半分」と言ったという。結婚したい、すべきだ、と言う若者たちは、たいていこのハディースを引用する。「半分」とは、「信仰の半分ほども値がある」の意味か、あるいは「信仰生活の半ばを構成する」というように理解する。

イスラームの聖典であるクルアーンをひもとくと、「独身の者は結婚しなさい」（光章三二節）と明言されている。ムスリムたちにとっては、聖典は神の言葉そのものである。経済力が足りなくて結婚できない場合は、どうすべきか。「もし、彼らが貧しいならば、神が恩恵をくださるであろう」（同上）。案じていないで、結婚に踏み切れば、自ずと糧の道は開けてくるということであろうか。これは、若い人を勇気づける教えであろう。

しかし、聖典に命じられているから、結婚好きになるとは限らない。宗教的な人ならばそれもありうるが、私の知っている「結婚志願者」たちは、必ずしも信心深いわけではない。
どうもイスラーム社会では、男性は女性が、女性は男性が好き、という傾向がことに強いと思える節がある。若い人だけではない。老いも若きも、そうなのであろう。妻に先立たれた中高年の男性が、すぐさま再婚に踏み切る様子を見ていると、妻に先立たれた悲しみと、独身なら結婚すべきという考えは全く別次元のことらしい。先妻が忘れられないのはそれとして、再婚してしまうのである。

クルアーンには、「神は、男女を対にお創りになった」（星章四五節）とある。男女は、そもそも「対」なのである。日本でも、結ばれる男女は見えない赤い糸でつながっている、と言ったりするが、そもそも男女は、存在の根底から互いに引き合い、結ばれるもの、ということであろうか。

さらに、「汝らの主〔神〕は、一つの個からその配偶者を創造し、両者から数多くの男性と女性を地に広めた」（女性章一節）と言う。これは、人類の祖アダムとイブのことを指しているように見えるが、表現自体は抽象的なので、そもそも人間が男女の対としてスタートしたという原理を語っていると解することもできる。

実は、男性と女性が互いに補完し合うという考え方は、深遠な神学的な思考の中にも見られる。その議論によれば、神は唯一の絶対的な存在であるが、それと同時に創造主としては二つの卓越的な性質を持っている。それを表しているのが、「栄光と恩寵の主」という神の名で、この場合、栄光が男性原理、恩寵が女性原理ということになる。その性質ゆえに神は生き物や人間を対の存在として創りだした、という。「神は、すべてのものを対に創造した」（撒き散らす風章四九節）のであり、対の者たちは互いを補完し合う。

クルアーンは、夫婦のあり方についても語っている。「彼女たちは汝らの衣、汝らは彼女たちの衣」（雌牛章一八七節）という、この項の題名になっている章句である。「夫婦は互いの衣」というのは何であろうか。

実は、この言葉はラマダーン月の断食に関する章句の中で語られている。イスラームの断食では、夜明け前から日中を通して、日没まで飲食を断つが、食べ物だけではなく、性行為も許されない。つまり、断食とは食欲、性欲の両方を抑制する。しかし、日が沈めば、飲食してよい。さらに、「断食の夜は、汝らは妻とともにいてよい」、つまり性的な交渉を持ってもよい。そして、続いて「夫婦は互いの衣」というのであるから、これは夜の夫婦生活について語っていることになる。

私たちが着る衣服は、寒暖に対して身を守り、また安心感を与えてくれる。きれいな衣服は、喜びを与えてくれる。夫婦は互いにとって、その衣服のようだ、と言う。しかも、文脈から言えば、夫婦の関係には、夜の生活が含まれている。宗教の聖典が夫婦の和合を説いていると思うと奇妙な気もするが、クルアーンはセックスについて、非常に明朗で率直である。

セックスの体位のことまで書いてある。「汝らの妻たちは汝らの耕地である。それゆえ、望むところから耕地におもむきなさい」（雌牛章二二三節）。「畑を耕す」ことがセックスのメタファーであることは容易に察せられるが、「望むところから」が自由な体位を指していることは、さすがに解釈書を読まないとわからない。

宗教は禁欲を勧める、という先入観を持っていると、イスラームは驚くほど禁欲的ではない。断食の月ですら、夜は夫婦生活がOKということは、ふつうの時は、夫婦は好むままに和合しなさい、ということになる。結婚の推奨も教えの一部となると、こういう宗教を禁欲的とは言わない。しかしその一方で、イスラームは夫婦以外のセックスについて、非常に厳しい。

その発想を簡単に言えば、神が人間を男女に創ったのだから、セックスはごく自然のこと。しかし、その自然行為は夫婦という「対」になってしなさい、そして夫婦になったら、慈しみあって、大いに夜の生活にも励みなさい、とクルアーンは言っていることになる。こうしてみると、ムスリムたちが結婚好きであるのは、確かにクルアーンの教えに根拠があるように見えてくる。そして、結婚好きである彼らにとって、男女関係がすべて「結婚」というキータームを通して見られることになる。

私が時折、日本人女性から受ける相談に、「エジプトで若い男性と知り合ったら、まだ私のことを全然知らないのに、結婚しよう、と言うんです。からかっているんでしょうか。本気なのか、全然わからないんですが……」というものがある。

ちょっと知り合うと、すぐに日本人女性に「結婚しませんか」と声をかける男性が、エジプトにたくさんいることは間違いない。これはいったい、どういう現象なのであろうか。日本人の場合、若いカップルが長くつきあっていても、なかなか結婚を言い出さないことは珍しくない。真剣な交際の末に、いよいよシリアスになってから言い出すのが「結婚」であろう。一目惚れならいざしらず、出会った当日に、外国人に「結婚しませんか」は明らかに変だ、とその女性は憮然として言う。

エジプト人の新婚夫婦（カイロ）　日本では招かれていない結婚式に出席することはできないが、エジプトでは、「今日は友達の結婚式があるから、一緒に行こう」とよく連れて行かれた。おおらかに、祝う人はいくら来てもいいと言う。

私の返答はこうである——エジプトに限らず、イスラーム社会では、男女関係は結婚という枠組みでしか考えられない。だから、日本でならば「お茶を飲みませんか」というような軽い話から、長い付き合いの末にいよいよ求婚というような重い話まで、さまざまに存在する段階のすべてが「結婚しませんか」という言葉になってしまう。男女の交際は必ず結婚を前提とするという了解がその根底にある。だから、軽い話といっても、枠組みはあくまで結婚であるから、言われた側も本気になっても全然構わない。

「相手の性格とか、相性とかは、考えないんですか」と、聞かれると、少し返答に困る。どうやら、あまり深く考えない若者もかなりいるらしい。結婚できるならば、それでいい、というくらい結婚好きと言うべきなのだろうか。

「おおいに食べなさい」

كُلُوا۟ مِن طَيِّبَٰتِ مَا رَزَقْنَٰكُمْ

クルー・ミン・タイイバーティ・マー・ラザクナークム

*

【われ〔アッラー〕が汝らに糧として与えたよきものからおおいに食べなさい】

果物屋の主人（ダマスカス）　中東では果物が驚くほど安く、食事の後には必ず食べる。イチゴもサクランボもキロ売りで、１キロもあれば本当に食べでがある。

人の一生には、忘れられない食事風景があるものではないだろうか。記念すべき食事、楽しい出会いの食卓、「あれほどおいしいものはなかった」というような思い出の食事。私にとってのそんな思い出の一つは、ある日のザカジクの町での食事である。

ザカジクはナイル・デルタが扇形に広がった右半分の中心あたりに位置する町で、東部州の州都である。私がエジプトで暮らすようになって最初にとても親しくなった友人サーリフさんはこの町の出身で、私は彼に招かれてザガジクを訪ねたのであった。

そして昼食。なぜ、それが忘れられない食事かというと、本格的なエジプト風もてなしとの邂逅だったからである。とにかく、たくさんのおいしい食べ物が出て、食べきれないのに、これでもか、これでもかとご馳走してくれる。

サーリフさんは丸顔で、笑顔がとてもすてきな男性である。当時は、医学部を修了して、インターン医をやっていた。彼のお父さんは、一回り大きな丸顔で、さらに笑顔の人物であった。破顔一笑という面持ちの顔で、「よく来てくれた。どんどん食べてください」と勧めてくれる。

満腹して、「もう十分いただきました」と言うと、「えー、何も食べてないじゃないですか」と言う。これはエジプトでは定型的な表現であるが、その本格的な用法を初めて知った。満腹で「いっぱいいただきました」と言うのに、「全然食べてないでしょう。食べてくださいな」としゃにむに勧める。「いやいや、いただきましたよ。ほんとに、たくさん食べました」と答えると、「じゃあ、あと一口だけ」と言って、こちらの皿に載せてくれる肉片が、日本ならばメインディッシュというほどの大きさ。どう見ても、「一口」ではない。

その盛大なもてなし方には、本当に驚いた。その日の昼食で特においしかった記憶があるのは、こんがり焼いたチキンとモロヘイヤ・スープである。モロヘイヤは、葉を食する夏野菜の一種であるが、葉を細かく切ると粘りけがでてくる。それを使ったスープは独特のとろみがあって、非常においしい。エジプトの国民的料理の一つである。

今ではこのモロヘイヤがエジプトからもたらされ、日本でもさかんに栽培され、食されるようになっている。健康によい成分や栄養価の高さも喧伝されている。ただ、調理法としては、おひたしやゴマあえなどが主で、本来のスープが紹介されていないのは、やや残念である。

この日食べたモロヘイヤ・スープは、四〇年もたった今でもおいしさの記憶がよみがえる。しかし、と思う。あれは、モロヘイヤ・スープがおいしかったのか、サーリフさん一家のもてなしが嬉しかったのか。その後、何度もエジプト式もてなしに出会うが、ザガジクのあの午後は、私にとってそのエジプト体験の原点であった。

エジプト人のもてなしの心地よさは、彼ら自身が食べることが大好きという点に起因する。おいしいものが大好きで、それを皆でわいわい、がやがやしながら一緒に食べるのが大好きで、お客をもてなすのが大好き。何度か経験を積むと、この食事大好きには、ある種の宗教性までもが伴っていることがわかってきた。

おいしいものを食べることは、神の糧を楽しみ、そしてそれに感謝することを意味する。私たちは「信仰」と聞くと、祈りや修行を思い浮かべる。ムスリムたちにとっては、スープを口に入れ、おいしさに喜び、「アル＝ハムドゥ・リッラー（アッラーに称えあれ）」と言うこと、パンと肉を食べ、舌の喜びにうちふるえ、糧があることに感謝することは、それだけでも信仰行為なのである。毎日の三度三度の食事が、そのまま、信仰の発露となっている。

聖典クルアーンは次のように命じる——「信仰する者たちよ、われ〔神〕が汝らに与えたよきものをおおいに食べなさい。そして、アッラーに感謝しなさい、汝らがかれ〔神〕を信仰しているならば」（雌牛章一七二節）。そもそも、「神はアーダムの子どもたち〔人類〕に誉れを与え、陸に海に彼らを運び、よき糧を彼らに与えた」のである（夜の旅章七〇節）。

生きる糧が人間にとって大事なことは論じるまでもないが、それはさらに、来世での報奨のイメージにも反映している。善行を積んだ信徒たちは、来世において、「心ゆくまで、食べ、飲みなさい。汝らがおこなっていたことのゆえに」（送られるもの章四三節）と声をかけられるという。

飲食と言えば、イスラームについて常に質問されるのが、「なぜ、豚を食べてはいけないか？」という点である。これはムスリムに聞いても、日本人に納得のいく答えは容易に得られない。もっとも多い答えは、「聖典で禁じられているから」という返答であるが、これは全くの同意反復で尋ねている側の疑問点には答えていない。衛生上の理由を述べる人も多い。豚肉は寄生虫などがわきやすく、旧約聖書での禁止も、それが原因と考えられる。確かに、牛刺、馬刺のように、豚肉を生で食べることはない。しかし、このような理由はクルアーンに述べられているわけではない。それに、それだけが理由であれば、「近代的で清潔な処理がされていれば、問題はないのではないか」という疑問も生じる。

この問題を考えるためには、クルアーンにおける食事規定（飲食に関する戒律）の構造を考えなくてはならない。それは、原則は「すべてが許されている」、「ただし、例外はある」という考え方である。食べ物については、「神が与えたよきものを食べなさい」が原則である。食べることができるものは、何を食べてもよい。この原則は、勝手に人間が戒律を厳しくして、暮らしを狭めることを禁じていることからもわかる。「信仰する者たちよ、神が汝らに許したよきものを勝手に禁じてはならない」（食卓章八七節）というのである。ただし、例外として食べてはならないものがある。すなわち「汝らに禁じられているのは、死肉、血、豚肉、アッラー以外の名が唱えられたものである」（蜜蜂章一一五節）。

自然死した動物の肉、血の禁止が衛生的な配慮であることは、容易に想像がつく。「アッラー以外の名が唱えられたもの」とは、他の神に犠牲に捧げられた動物の意味で、これは一神教の教義としては当然と言える。ただし、これは厳密には飲食の戒律というよりも、アッラー以外の神を認めないという神学的な規定である（ちなみに、酒の禁止も酔うと礼拝を忘れるからいけないので、単に食べ物としての禁止ではない）。そうすると、いよいよ、豚肉だけが特別な例外として残される。これは、なぜか。

逆に考えてみたら、どうであろうか。もし豚肉が禁じられていないとしたら？　何も禁じられていないとしたら？　当然、原則に基づいて、すべてのものを食べてよいことになる。しかし、もし何も気にすることなく好きに食べてよいのだとしたら、信徒たちは神の糧のありがたさを十分自覚できるであろうか。つまり、豚肉の禁止は、自覚を促す点に真の目的があるのではないか。一つだけ絶対に食べてはならないものがあることで、神の糧について、毎日おいしく食事ができることの恵みについて感じ入ることができるという仕組みである。上に引用したように、「おおいに食べなさい。そして、アッラーに感謝しなさい」が本旨だからである。

おそらく、豚肉の禁止が、信仰心を試すのであろう。他のすべての食物の価値をきわだたせるために、何か禁じられるべきだとすれば、イスラームの場合、それが豚肉ということなのである。長年の観

昼食会（サウディアラビア）　大きなトレイに大盛りになったライスの上に、羊の丸焼きがドンと載っている。アラビア半島では、これが一番のご馳走。イスラーム圏では酒を全く飲まずに社交し、食事とソフトドリンクで歓待が続き、話が盛り上がる。

察の結果、このような結論を得た。

もっとも、ムスリムがイスラーム世界の外に多く出かけ、また外国から肉を輸入するようになった現代では、豚肉だけではなく、「アッラー以外の名が唱えられた肉」はいけない、という神学的規定がしきりと問題となっている。肉を見ただけでは、どこかのローカルな神様に捧げられていないかどうか、判別がつかないからである。そこで、アッラーの名によって屠《ほふ》られていることを確認した「ハラール肉」が出回るようになってきた。「ハラール」はイスラーム法で合法の意である。

肉がハラールかどうか気にするのは、戒律にうるさいように見える。しかし、その心は、安心して好きなだけ肉を食べたい、ということにほかならないであろう。

「両親には孝行を」

وَبِٱلْوَٰلِدَيْنِ إِحْسَانًا

ワ・ビ=ル=ワーリダイニ・イフサーナン

＊

【そして両親には孝行を〔しなさい〕】

モスクの親子連れ（ダマスカス）　前を歩く父親、後ろに娘たちと手をつなぐ母親が見える。男の子たちは、楽しそうに周りを走り回っている。

友人のアフマドさんは、いわゆる恐妻家であった。エジプトにどれほど恐妻家がいるのかわからないが、彼は間違いなくその一人であった。カイロ時代には、彼と二人で過ごしていても、奥さんに気を遣って帰ってしまう。もっとも、奥さんのために帰ってしまう場合でも、時間の感覚はエジプト風で、少しゆったりしている。日本風に定刻になるとぱっと帰るというような時間感覚ではない。一緒に町に出ていると、妻に頼まれたお遣いをすることも多かった。

先日、この話を在日トルコ人のイブラヒムさんにすると、「そういうことを言うなら、結婚しているトルコ人男性は、ほとんどが恐妻家じゃないかなあ」と言う。トルコでは男性が家事を負担するのは当たり前だと言う。実際、彼も日常の買い物もしている。スーパーに夕食の素材を買いに行くのがトルコ男性の仕事、というのは少々意外である。

家事をどう分担するかは各地域の文化や階層によっても違うが、それにしても買い物メモを手に市場を回っている男性の姿は、いわゆる「家父長」的なイメージとはほど遠い。一般的にはイスラームは男尊女卑の傾向が強い、と思われているようであるが、イブラヒムさんに言わせると、「いったい、どこにそんな現実があるのか、見せてもらいたいくらいです」。

男女を比べて見る場合、エジプトに暮らしていた時に驚いたのは、お母さんたちに対する敬意の高さである。どこへ行っても、家庭のなかでお母さんがどっしり構えている姿は印象的であった。社会的な地位の高い男性たちも、母親に対するときは、従順な息子として振る舞う。

実は、クルアーンを読んでいると、父親と母親を比べると母親の方が偉い、とはっきり書いてあるかのように見える。たとえば、「神は人間に両親に対するあり方を指示した」との章句でも、続いて「母親は苦労して子を胎内で養い、さらに離乳まで二年もかかる」（ルクマーン章一四節）と、母親の苦労にだけ言及している。

ハディースの中で、ムハンマドは弟子に「誰ともっとも親しくすべきでしょうか」と聞かれて、「あなたの母親です」と答えている。しかも、「次には？」と問われ、「あなたの母親です」。「その次は？」

とさらに問われても「あなたの母親です」と三回答えた。そして、「その次は?」と問われて、ようやく「あなたの父親です」と答えたという。

別なバージョンでは、質問は「誰に孝行すべきでしょうか」というものであったが、同じように「母親」と三回答え、その次に「父親」、その次は「自分に近い人の順に」と答えている。いずれにしても、「母親を大事にしなさい」という教えである。しかも、現実のアラブの男性たちを見ていると、誰もがこの教えに従っているように見える。「楽園は母の足元にある」というハディースもあり、母親に従い、孝行をすることが善の道とされている。

もっとも、父母を比べると母親が重きをなすにしても、基本のメッセージは両親を大事にしなさいということであろう。クルアーンには「一〇の命令」と呼ばれるものがある(家畜章一五一~一五三節)。数は旧約聖書の「十戒」に似ているが、内容はイスラーム的な発想を表している。その冒頭が、「唯一神に、他のいかなるものも並べてたててはいけない」であるが、これは一神教である以上当然かもしれない。第二が「両親には孝行をしなさい」である。

唯一神の信仰に続いて、いきなり親孝行が来ていることには大きな意味がある。続く命令を見ると、第三が子を殺してはならない、第四が性的な醜行に近づいてはならない、第五が人を殺めてはならない、第六が孤児の財産を守りなさい、第七が計量をごまかしてはならない、第八が公正な発言をしなさい、第九が神との契約を履行しなさい、第一〇がイスラームの教えに従いなさい、となっている。つまり、親孝行は、殺人の禁止よりも重要なものとして、先に挙げられている。

「孝行」と訳したのは「イフサーン」の語で、これはよい行い全般を指す。ふつうに言う親孝行よりも範囲が広く、「両親には何でもよいことをしてあげなさい」ということだと理解することができる。年老いた親に対する礼儀を明確に述べた章句もある。「そして、両親には孝行をしなさい。もし、両親またはその一人があなたのもとで年老いた時、けっして舌打ちをしてはならない。荒い言葉も使ってはならない。彼らに優しい言葉をかけなさい」(夜の旅章二三節)。「舌打ち」と訳した部分は原語で「ウッフと言う」であるが、この「ウッフ」は「ちぇっ」とか「ふん」といった侮蔑や軽視の表現を指す。そんなことは絶対にしてはならないと言う。

この章句はさらに続けて言う。「そして、両親に対して慈愛を込めて、謙虚の翼を低くたれなさい。そして〔アッラーに祈って〕言いなさい──『両親が幼い私を養育してくださったように、彼らにあなたの慈悲をお授けください』」(同二四節)。

子の親に対する義務の重さは、兵役に関してさえも及んでいる。イスラーム法学を見ると、成人男性といえども、勝手に軍隊に入ることは許されない。国家によって徴兵された場合は別であるが、志願する場合は親の許可が必須条件となっている。エジプトの場合、現代でも、一人息子は兵役が免除されている。これは、親を養う責任を果たす男子が必ず必要、というイスラームの規定に根拠がある。

エジプトは長年、イスラエルという敵国と対峙してきた国であり、一九七九年にイスラエルとの和平条約が結ばれるまで戦時体制下にあった。私がエジプトに初めて赴いた一九七五年頃は、どこの街角でもこの国が戦時下にあることが感じられた。エジプト人は愛国心が強く、兵役は国民的義務として確立されていたが、そうした時期ですら、一人息子の兵役が免除されていることを知って、大きな驚きを覚えた。

イスラームはなぜ、このように親孝行を勧めるのであろうか。「両親が幼い私を養育してくださったように」という言葉に表現されているように、生みの恩・育ての恩というような面があることは、ある程度想定される。しかし、それだけであれば、儒教の倫理とかわりはない。

イスラームには祖先崇拝の傾向はない。むしろ、ムハンマド時代のマッカで、部族主義が強く、自分の家系をやたらに自慢する風潮があったのを厳しく戒め、人間は血統によらず平等である、と強く主張した。それを考えると、親孝行は日本の伝統ではなじみのある倫理であるものの、それがイスラームで神の信仰に続いて推奨されていることは、簡単には納得しがたい。

筆者も、この点の理解にはしばらく時間がかかった。「親孝行」という日本的な表現に訳していてよいのかについても、それなりに悩んだ。結論として言えば、イスラームの特徴は、あくまで一神教的な論理で、親孝行を勧めている。それが、唯一神の信仰に続いて親孝行を勧めている点に現れているのである。それは、次のような論理立てになっている。

クルアーンの中で、神は、人間に自分がどこから来たのか考えるよう、問いかける。人間は誰もが、母親のお腹から生まれたのではないか。その母親は、自分の力で子どもをつくったのであろうか。そうではない。背後には、見えない神の力がある。「かれ〔アッラー〕こそは、お望みのままに汝らを子宮の中で形作る」（イムラーン家章六節）のである。

新生児を囲む一家（カイロ）　子どもが生まれると、イスラームでは7日目に命名し、親族や友人・知人が集まってお披露目のお祝いをする。エジプトでは、この日はムガートというハーブ・ティーの一種を供する。妹の誕生に、小さな兄たちも嬉しそうだ。

あるいは、人間は誰もが、両親がいて生まれたのではないか。その両親はそのまた両親から生まれ、それをさかのぼっていくと人類の祖アーダムとハウワー（アダムとイブ）に行き着く。彼ら二人を創造したのは誰か。「神が何もないところから人間を創造したことを、人間は思わないのか」（マルヤム章六七節）。

すべてのことには、直接の原因と背後の究極の原因がある。直接の原因を認めることが究極の原因である創造神を認めることにつながる。個々人の存在の直接の原因は親であり、それを可能とした原因も親を存在せしめた原因も神の意思に由来する。だから、養育してくれた親に感謝しなさい、そうして、人類を創造し、養育した神に感謝しなさい、とクルアーンは主張している。

「盗人は断手せよ」

﴿فَٱقْطَعُوٓا۟ أَيْدِيَهُمَا﴾

ファ＝クタウー・アイディヤフマー

＊

【彼ら二人〔盗人〕を断手しなさい】

オマーンの無邪気な少年たち（首都マスカトの港にて）
アラビア半島東端のオマーンはシンドバードの故郷として知られる。生まれた時からの「天性」を守れば罪を犯すことはない、とイスラームでは考えられている。

国境を越える長距離バスに乗ってシリアに入国した時のこと、第二の都市である北方のアレッポに着くと、真夜中になっていた。私が若く、シリアもまだ平和だった頃である。夜遅いため、ホテル探しに難渋した。

いくつものホテルを回ったが、空き室がない。ようやく「一つだけある。バルコニーが素晴らしい」と言われた時は、「バルコニーなんか、いらないよ。ベッドさえあれば」と苦笑しながらも、ほっとした。しかし、案内されてみると、それはバルコニーのある部屋ではなく、バルコニーそのものであった。星空が見えるバルコニーに落胆して、次のホテルに向かった。結局、さらに数軒回ったところで、物置部屋に泊めてもらえることになった。窓もない部屋であったが、とにかく安心して眠りについた。

この時驚いたのは、真夜中に異邦人が見知らぬ街を歩き回っても、何の不安も感じない治安のよさであった。ホテル探しは難渋したが、道を尋ねた人は誰もが親切にホテルの場所を教えてくれたし、深夜の街路も落ち着いた雰囲気に満ちていた。

安全な街は、その後もアラブ諸国の多くの場所で経験した。私が長く住んだカイロでも、夜道が怖いというような体験をすることはなかった。スリ、コソ泥、置き引き、混雑の中の痴漢などはいるが、深刻な犯罪は少ない。病院の処方箋らしきものを見せて、「子どもの病気を治すのに、薬代がいるんです」と同情を買おうとする人（乞食と詐欺の合体？）はいるが、彼らが居直って「金を出せ」と脅すことはありえない。むしろ米国などの都市に出かけた時の方が、よほど用心が必要で、緊張したりする。戦争とテロの危険はあるが、一般の犯罪については中東の都市は安全であると、現地に詳しい日本人の多くがこれまで述べてきた。

治安がよく街が安全ということは、人心が穏やかで、人びとが礼節を知る、というだけの話ではない。どこの国でも、街にいる警察官の数は多い。重要な建物は機銃を持った警官が警備している。政治犯を取り締まる秘密警察もある。

共和制の国だけではなく、モロッコや湾岸の産油国など、保守的な君主国でも同じように、安全なところが多い。

エジプトでも、湾岸産油国でも、治安の善し悪しは時代の影響や経済状態を反映して多少上下しているが、いろいろ見てみると、これらの国々では政府の側でも国民の側でも、治安、街の安全性などを重視する考えがある。それによって、数多い警察官の存在も容認されている。そこに、イスラーム社会の伝統が反映している面が認められる。

あらためて論じるまでもなく、イスラーム都市には多くのモスクがあり、暁前の礼拝が毎日おこなわれている。午前四時、五時の、日が昇るずっと以前に人びとはモスクに出かける。夜の街が物騒でモスクに出かけられないのであれば、イスラーム社会は成立しえないであろう。たとえモスクまで行く人は少なくとも（礼拝は家でしてもかまわない）、彼らが安全にモスクに出かけられるようにすることは、為政者の責任とみなされてきた。

人びとの生命、心身、財産などの安全を保障することは、政府の第一の義務とされる。街の治安も同様である。イスラーム法理論では、安全な住環境や移動の自由を保障し、安心して宗教的義務を果たせるようにすることは、国家が権力を握ることを正当化する、もっとも基本的な理由である。

かくして、安全を脅かす犯罪に厳しいイスラームの刑法的な規定が登場する。クルアーンは明言する――盗みに対しては「盗人は男性も女性も、その手を切断しなさい。彼らがなしたことに対するアッラーからの懲罰である」（食卓章三八節）。殺人に対しては「信仰する者たちよ、汝らに殺人についてキサース刑が定められた」（雌牛章一七八節）。キサース刑は「同態報復刑」と訳されるが、殺人の場合は死刑である。現代では絞首刑や銃殺刑もおこなわれているものの、イスラーム刑法の伝統的な方法として斬首刑があり、サウディアラビアなどでは今日でも実施されている。

このような刑罰は一般に「残酷」と言われることが多い。さらに飲酒に対するむち打ち刑、既婚者(男女)の婚外交渉に対する石打ち刑も存在する。もっとも、イスラームでは、住居や私的生活の不可侵性にはきわめて厳しく、プライバシーは容易に侵害できないので、私的な飲酒や性交渉は、実際の刑罰の対象にはほとんどならない。特に、婚外交渉については、それを告発するには四人の証人が必要であり、その証人が用意できない場合、自動的に侮辱罪に問われる。しかも、たとえ男女が裸で同じベッドに入っていたのを目撃しても、それだけでは性的交渉の証拠にはならないという厳しさである。従って、歴史的にも、実際に石打ち刑が実施されることはまれであった。

しかし、そうであったとしても、そのような行為が厳罰に値する「犯罪」であるという考え方ははっきりと確立されている。欧米や日本では、性的な事柄は私的な問題と考えられているから、イスラーム法のこの考え方は過剰に介入的な印象を与える。

現在はイスラーム諸国でも、伝統的なイスラーム刑法を実施している国はきわめて少数で、断手刑、斬首刑はほとんど存在しない。個々人の性的関係に介入する国も、あまりない。しかし、それは、断手刑を「残酷で、間違っている」とみなすに至ったということではない。

信徒にとって、「盗人は男性も女性も、その手を切断しなさい」というクルアーンの章句は聖典の明文であり、それが間違っていると言いだせば宗教は成り立たない。多くの場合、議論は「近代に西洋型の刑法を導入して以来、断手刑は停止されているので、いきなり復活はできない」という状況論、「経済的公正や福祉に関するイスラームの教えを政府が実践せずに、刑法だけ実施しようとするのはおかしい」というような一時停止論などである。その一方、社会全体にイスラームを復活しようとするならば、刑法についてもその復活を検討しなければならないという議論も存在する。

断手刑やむち打ち刑については賛否両論あるが、殺人に対する死刑については異論は非常に少ない。一部の例外を除いて、イスラーム世界は全体として死刑賛成である。

ヨーロッパや日本の死刑反対論の中には、「死刑は国家による殺人であると認識すべきだ」という声がある。しかし、クルアーンは「神が神聖となした人命は、これを殺してはならない」〔家畜章一五一節〕とした上で「ただ、正義〔司法〕による場合を除いて」〔同〕としているから、はじめから死刑は司法による殺人という認識である。もっとも、殺人に対して死刑という同態報復刑は「目には目を、歯には歯を」という厳しい刑罰の印象を与えるものの、それを赦す道もある。クルアーンは「〔被害者の〕兄弟から軽減の申し出があれば、〔加害者は〕よき弁済をなしなさい」〔雌牛一七八節〕と言う。つまり、死刑を実施せずに、賠償金によって民事的に解決する道も認められている。

イスラーム刑法は、断手やむち打ちという身体刑を残酷とし、禁固刑・懲役刑など自由を奪う刑罰〔自由刑〕を人間的と感じる近代的な感性から言えば、非常に残酷な思想に立脚している。ミシェル・フーコーの『監獄の誕生』は、ヨーロッパで近代になっていかに刑罰の思想が転換したか、中世の身体刑から監獄での自由刑への変化を描いていて、近代社会が自由を大事にしながらも、犯罪者からは容赦

説教を聞く女性たち（インドネシア）　クルアーンの厳しい刑罰規定は抑止効果をねらったもので、文字通りの執行が目的ではないともされる。その考えでは、抑止効果のためにも、子どもを育てる女性たちにクルアーンの教えを広めることが重視される。

なく自由を奪うことを明らかにしている。逆に、イスラームには未だに自由を奪うことに強い抵抗感があるように思われる。

その根底には「人間はすべて自由人として生まれる」という思想があり、自由を奪うことこそが残酷という感性がある。身体刑はいずれも、その日一日で終わる。むち打ち刑にしても、その刑罰が執行されれば、その人はただちに社会に戻る。

刑罰である以上、何らかの残酷さがつきまとうことは避けられないが、イスラームが主張するのは、自由という観点からは身体刑よりも、一生出られない監獄に閉じこめたり、何年も獄中につなぐことこそが、残酷ではないか、という発想である。刑罰をめぐるこの発想の違いは、イスラームについてもっとも理解しにくいことの一つかもしれない。

「神のために戦う」

﴿وَجَـٰهِدُوا فِى ٱللَّهِ حَقَّ جِهَادِهِ﴾

ワ・ジャーヒドゥー・フィッラーヒ・ハッカ・ジハーディヒ

*

【アッラーのために、
あるべきジハードを奮闘しなさい】

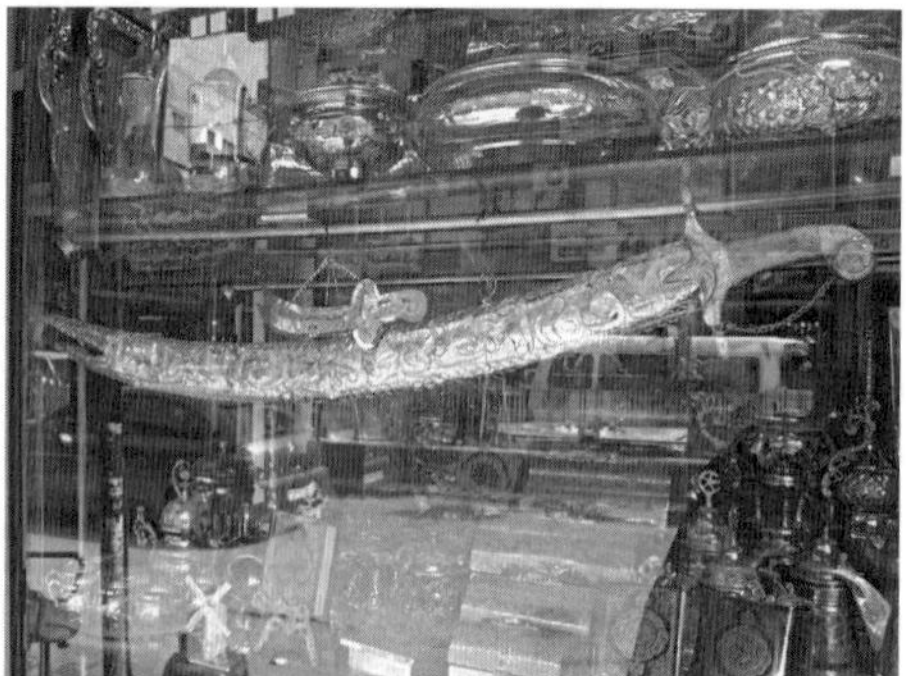

土産物屋の剣（ダマスカス郊外）　この飾り物の剣は先が2つに割れている。かつて預言者ムハンマドが娘婿のアリーに贈った「ズィルフィカール」という有名な剣を模している。アリーは勇敢な騎士の鑑とされる。

最近の中東やイスラーム世界に関するニュースは、戦争やテロ事件関係が非常に多い。特に二〇〇一年九月の米国での同時多発テロ事件以降、二〇〇三年のイラク戦争や二〇一一年からのシリア内戦などがあって、中東では武力にまつわる話題が増えた。「ジハード」という言葉を聞くことも多くなった。

もっとも、中東と戦争や武力が結びついて見えるのは、新しいことではない。そもそも論をするならば、日本が中東のアラブ諸国の存在をはっきりと認識するようになったのは、一九七三年の第四次中東戦争が起きたからであった。この時、アラブ産油国が発動した「石油戦略」によって石油ショックが日本経済を襲い、戦後の奇跡と言われた高度成長が止まった。戦争をきっかけに、日本はアラブやイスラームと向き合うようになったのである。当時、大学でアラビア語を勉強していた筆者も、アラブ世界がアラビアン・ナイトのイメージとは違って、現実の戦争と結びついていることに驚いた。

その頃は日本ではまだジハードはよく知られてはいなかったが、実は第四次中東戦争の際には、アラブ側では「ジハード」が呼号されていた。エジプト軍も、兵士たちのジハード精神を鼓舞して、イスラエル軍と果敢に戦った。

日本でジハードという言葉を耳にするようになったのは、一九八〇～九〇年代のことであろう。書籍で最初にこの言葉がポピュラーになったのは、一九九七年に直木賞を受賞した『女たちのジハード』（篠田節子著）あたりからではないだろうか。この書は女性たちが社会的に奮闘する話であるから、もちろん戦闘やテロには全く関係がなく、ジハードの原義に近い使い方である。マンガやゲームの世界では、もっと早くからジハードは普通名詞となっていた。

筆者が二〇〇六年に上梓した『イスラーム帝国のジハード』は、「興亡の世界史」というシリーズの中の一つで、題名はシリーズ編者の依頼を受けて決めた。イスラームの勃興を描くにあたってジハードに焦点を当てる点に、日本でも読者がジハードに関心を抱くようになった時代背景がよく出ている。しかも、講談社の一〇〇周年記念出版というこのシリーズの初回配本は、イスラーム帝国と『空の帝国アメリカの二〇世紀』であったから、現代的な問題意識にあふれていた。

最近も、中東情勢とからんで、ジハードについての質問をよく受ける。もっともベーシックな問いは、「なぜ彼らは自分が正しいと思って、聖戦に邁進するのですか?」であるが、質問されるたびに悩んでしまう。「ジハード=聖戦」とすると説明しやすいが、実のところ、ジハードを「聖戦」とだけ訳するのは正しくない。長くなっても、本当は平時の倫理という面も持っている語だと説明すべきか、質問されるたびに考えてしまう。

ジハードは「努力する」という動詞から派生した語で、もともとは「自分の力を尽くして奮闘する」ことを指し、転じて「闘う/戦う」意味で使われるようになった。その対象によって三種類に分けられる。自己との闘い、外からの悪の誘惑との闘い、外敵との戦い、の三つである。

クルアーンには「神のために全力で闘いなさい」(巡礼章六節)とあるが、これは一般的な努力を指す。直前の句を見ても続く句を見ても、礼拝と喜捨の義務が強調されているから、特に戦闘について語っているのでないことは判然とする。ムハンマドは「外敵と戦うのと同じように、あなたたちの欲望と闘いなさい」と、弟子たちに言った。ここの「欲望」は、仏教風に「煩悩」と訳したいところである。欲望との闘いとは、自己との闘いである。

友人のアブドゥッラー氏は、温厚な人物なのに「人生は闘いだ」と断言する。「たとえば、暁の礼拝があるでしょう。ムスリムだって、朝は眠いからね。つい、怠け心がでてしまう。それを乗り越えて、起きてお祈りする。これは怠惰との闘い。自分の中には、ケチ心というのもある。貧しい人を見たとき、喜捨しようかな、でも今日はあまりお金がないな、とか考えてしまう。そういうときは、ケチをする自分と闘わないとね」。

しかし、克己心を「闘い」と呼ぶべきか。アブドゥッラー氏は闘いにたとえるのが好きであるが、女性たちはあまり闘いの比喩が好きではないらしい。奥さんのナディアさんは「鍛錬」という言葉を、よく口にする。

誘惑が外から来るときもある。それと闘うのも、ジハードである。道に落ちているお金を拾っても、ネコババしてはいけない、とアブドゥッラー氏はいう。「そういうお金は、人の心にとって試練だね」。

ジハードの第二の意味は自分の外、つまり社会の中にある悪との闘いであるから、具体的には社会改革となることが多い。社会的な不正や堕落が見られる場合には、第一のジハードで己の心と身を守っているだけでは足りない。共同体全体のために、不正を是正するべく奮闘すべしとされる。

ジハードの三番目の意味は外敵との戦いであるが、これも戦闘とは限らない。ムハンマドは「あなたたちの手と舌でジハードをしなさい」と、弟子たちに言った。「手」の方は戦闘か、何らかの行動であるが、「舌」は言葉であるから「敵と言論で闘え」の意味になる。私のよく知っているエジプト人ジャーナリストの一人は「イスラーム世界で何が起こっているか、真実を書くのが私たちのジハードだ」と言う。これを「聖戦」と訳すると誤解が生じるに違いない。

では、ジハードの中で、剣を持って戦うこと（現代では、銃を持って戦うこと）はどこに根拠があるのだろうか。クルアーンの内容は、マッカ時代とマディーナ時代に分かれる。ムハンマドが故郷のマッカで布教していた時代は約一三年間で、その間は一切、戦闘はなかった。ただし、迫害は続いていた。

ムハンマドたちが「神は唯一」「人間は平等」と主張して、富豪たちの支配と祖先伝来の宗教に反対するので、マッカの人びとの多くはこの新しい宗教を嫌っていたのである。しかし、いくら迫害されても、ムハンマドたちは耐え忍ぶのみだった。

　事情が変わったのは、迫害が強まり、とうとうマッカにいられなくなったからである。ムハンマドは弟子たちを連れて、北方の町マディーナに移住した。マディーナ時代の始まりであるが、この後、マッカとマディーナの間で、戦いが起こるようになった。この時代の章句には、戦いが出てくる。

　最初の章句は「許可の節」と呼ばれている。戦う許可が下された、という意味で、「戦いを仕掛けられた者には〔戦いが〕許可された」（巡礼章三九節）とある。許可の理由は次のように説明される。「それは、彼らがひどい目にあったからである」「彼らは、私たちの主はアッラーですと言っただけで、不当に自分たちの家から追われた」。

　つまり、最初は迫害への反撃という側面が強かった。しかし、全面的な武力対立が生じると、「財産と生命を捧げてジハードする」（悔悟章八八節）ことが称揚されるようになった。しかも、臆病な者に対して「特に支障もないのに座している者と神のために戦う者は等しくない」（女性章九五節）と叱咤激励されるのである。

　イスラームは宗教として、崇高な目的のための自己犠牲は尊い、という考えを明らかに持っている。そして、ジハードの中には武力による「聖戦」も含まれている。問題は、次の章句の解釈である——「汝らに戦いをしかける者があれば、神のために戦いなさい。しかし、侵してはならない。神は侵す者

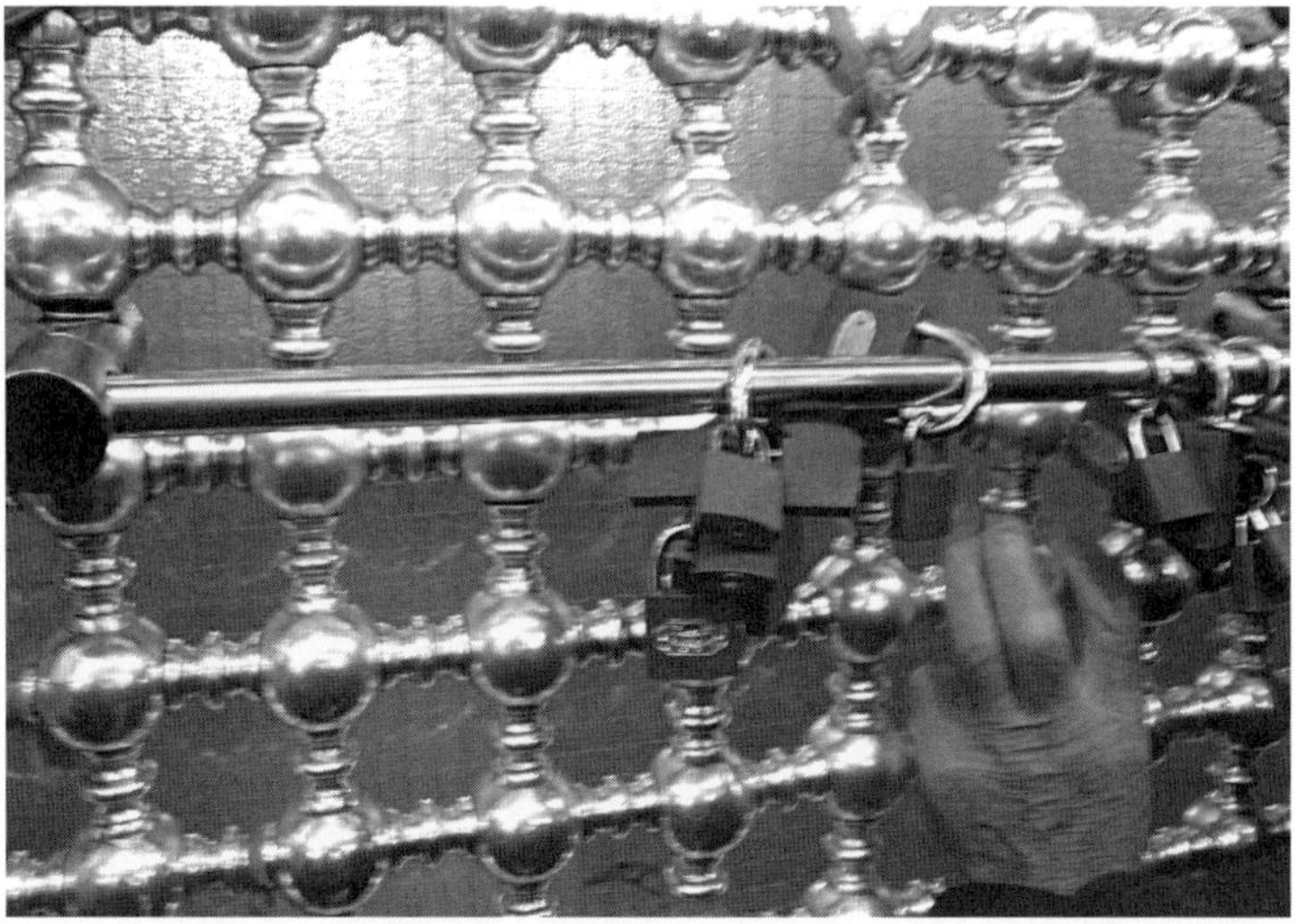

ザイナブ廟にかけられた鍵（ダマスカス郊外）　ザイナブはムハンマドの孫で、聖者として尊ばれている。この鍵は、自爆攻撃の候補者がここに鍵を付けて「殉教したら楽園に入れてください」と願掛けし、そのキーを首にかけて出撃したことを物語っている。

を好まれない」（雌牛章一九〇節）。

この章句を見れば、敵意のない相手を攻撃したり、相手の土地に侵略してはいけないことがわかる。だから、「アルカイダが二〇〇一年九月に米国を攻撃したのは、イスラームに全く反している」とアブドゥッラー氏は力説する。イスラームは侵略も許さないし、罪のない人を傷つけることも禁じている、というのである。

ところが、パレスチナの話となると、温厚な彼のトーンが変わる。「この場合は断固として戦うべき」と言う。「だって、イスラエルはパレスチナ人の土地を奪ったのだから。それ以来パレスチナ人は、難民もたくさんいるし、祖国を取られた民として苦しみが続いているんだ」。

なかなかむずかしい。当分、ジハードをめぐる議論が続きそうである。

「真義を知る者は…」

﴿وَمَا يَعْلَمُ تَأْوِيلَهُ
إِلَّا اللَّهُ﴾

ワ・マー・ヤアラム・ターウィーラフ・イッラッラー

＊

【その〔両義的な章句の〕真義を知る者は
ただアッラーのみ】

ポスターを選ぶ親子（カイロ中心街）　クルアーンの章句をデザインしたポスターは、家の中の宗教的な装飾として用いられる。どの章句を選ぶかは人によって好みが分かれるが、人気の定番品もある。

しばらく、エジプトで「イスラーム人生相談所」を調査していた時のこと。いつものように相談所で待ち合い用の椅子に座っていると、相談に来ている人があふれて椅子に座れず、何人もが立っていたことがあった。

相談室は非常に広い部屋で、その三か所に相談を受け付ける法学者が座っている。待ち合い用の椅子は、それ以外の場所に並んでおり、三人の誰かのところに列を作っているわけではない。三人のうちの誰かが空くと、待っている人が適宜、そこへ行って相談をするようになっている。

見ると一人の法学者が、相談者がいないので手持ちぶさたにしているではないか。私は親切心を起こして、私の隣で待っている人に、「あ、あの先生が空いてますよ。私はいいので、進んでくださいな」と声をかけた。私は観察しているだけなので、迷惑をかけてもいけない、と思ったのである。しかし、その人は「いやいや、けっこうですから」とじっとしている。私はお節介にも、さらに「空いてますから、行ったらどうですか」と強く勧めた。

すると、その人は穏和な声で、しかし断固として、「わたし、こっちの先生に行きますから、けっこうです」とアリー先生の方を指した。アリー先生は、私が懇意にしている法学者で、私自身も彼のところの相談の様子を調査していた。後でアリー先生にこのことを言うと、大声で笑って一声、「そりゃあ、相談する方だって、選ぶ自由はあるからね」。

イスラーム法に通暁した法学者ならば誰でも同じ答えをするわけではなく、また同じ答えをするにしても言い方というものがある。どうやら、相談した人が納得しやすい、いい回答をくれる法学者が誰か、口コミで情報が流れているようであった。このアリー先生は、とても人気がある一人である。

イスラーム人生相談所、というのは私の命名で、正確に言えば「ファトワー委員会」という。ファトワーとは、イスラーム法学者が一般信徒の質問に答えてイスラーム法の権威ある見解を出すもので、誰でも質問でき、法学者は無料でどんなことにでも答えてくれる。この場合の「一般信徒」とは、法学の専門家でない人はすべて含むので、一般人という意味ではない。大統領や首相が政府の政策について、法学者のファトワーを求めることもある。

しかし、ふつうの人がこの委員会を訪ねる時は、ごく日常の質問が多い。しかも、いろいろ悩みがあるから来るので、おのずと質問は人生相談風になり、場合によっては法学者の答えよりも、質問の方がエジプト社会の現状を示していて、面白い。そこで、人生相談所と呼ぶことにした。

とはいえ、あくまでイスラーム法の答えを聞きに来るので、日本の人生相談のような人生の処し方や恋愛相談などはない。たとえば、「拾い物をしたのですが、イスラーム法では自分のものにできるのでしょうか」という質問がある。答えは、「持ち主を捜して、見つからない場合は取得してもよい」というようなことになる。「持ち主がいるのを知っていて今まで持っていたのなら、返しなさい」というような答えも出される。

圧倒的に多いのは、結婚、離婚、遺産相続などに関する相談である。時には、家庭争議の内容も含まれてくる。夫婦喧嘩の末に、夫が離婚を宣言してしまったが、「本意ではなかったのです、取り消せるでしょうか」と、夫婦が深刻な顔で相談に来ていることもある。イスラーム法は夫側に離婚の宣言権を認めているので、こんなことも起こる。相談に答える法学者が、具体的な裁定を言い渡しながら、夫に「もっと物事をよく考えて行動しなさい」とたしなめている情景も見られる。

実は、近代国家となってからのエジプトの司法・行政では、イスラーム法は必ずしも適用されない。この相談所に来る人びとは、たとえ国家では執行されていなくても、自分はイスラームの教えを聞きたいと、自発的に訪れる人たちである。その意味では、まじめなムスリムと言えるかもしれない。

しかし、よく考えてみると、法学者たちの資質はイスラーム法の知識があるということで、神父や僧侶のように、宗教的な救済を保証してくれるわけではない。ただ、クルアーンは「アッラーに従い、使徒〔ムハンマド〕と汝らの中で権威を持つ者に従いなさい」（女性章五九節）と言っている。だから、信徒たちは彼らの回答を尋ね、助言を求めに来る。

もっとも「権威を持つ者」とは誰かをめぐっては、いくつか解釈がある。イスラームには教会組織や僧団はないので、この権威とは、必ずしも宗教的なものとは限らない。神、預言者、そして教会、というふうにはなっていないのである。そのため、政治の領域で言えば、統治に責任を持つ者、為政者がそれにあたる。イスラーム法の領域で言えば、法学者がそれにあたる。

法学者のほかに、クルアーンの解釈を専門とする啓典解釈学者や、ハディースを専門とする学者もいる。彼らは、各々の専門にしたがって、クルアーンの章句を根拠にイスラームの教えを説く。さて、ここに一つの難問がある。はたして、クルアーンのすべての章句が理解可能なのか、ということである。

クルアーンを見れば、きわめて明解な章句もたくさんある。しかし、難解な章句もある。そのすべてを解釈によって、解読できるのであろうか、という問題である。クルアーン自体が、「かれ〔アッラー〕こそは汝に啓典を下した。その中には、明確な節がある。それらは啓典の母体である。またほかに、互いに似た節がある」（イムラーン家章七節）と言う。ある節は明確であるが、互いに似ていて判別のむずかしい節もあるというのである。クルアーンは続けてさらに言う、「心の乱れた者たちは、互いに似た節にとりついて、争いを求め、その解釈を勝手に求める」（同）。

では、その正しい解釈はどうやって、わかるのであろうか。クルアーンは続く。「その真義を知る者は、ただアッラーのみ」。「そして知識の確かな者たち。彼らは、『私たちは、それ〔クルアーン〕を信じます。すべては私たちの主〔アッラー〕の御許から来ました』と言う」（同）。しかし、この章句を読むとき、どこで切るかで古来議論が分かれてきた。「その真義を知る者は、ただアッラーと知識の確かな者たちのみ。彼らは…」と読むべきなのか、「その真義を知る者は、アッラーのみ。そして知識の確かな者たちは、ただ『私たちは…』と言う」と切るべきなのか。

後者であれば、曖昧で真義のわからない章句がありうるし、前者であれば、知識をきわめた学者たちはクルアーンのすべてについて真義を知ることができるということになる。

どちらの見解を採用するかは、聖典が人間にとってどのような役割を果たすものなのか、という考え方と結びついている。「神が啓示を下すのは、人間を導くためである」「それゆえ、その啓典に意味不明な部分があれば、それを啓示する意義がない」「つまり、啓示された以上は、意味もわかるはず」と論じる学者は、すべての章句が解釈も理解も可能である、と言う。そうではないとする学者は、「預言者だけに真義がわかる章句もありうる」「すべての章句の字義は意味がわかるのだから、本当の解釈、真義はむずかしくとも、啓示の意義は達成されている」と言う。

一般信徒にとっては、後者の立場で十分納得できるようにも見える。友人のアフマド氏は「預言者ムハンマド様は、クルアーンの一字一字にそれぞれ一〇の美徳があるとおっしゃった。それを朗誦しているだけで、満足だよ」と言っていた。確かに、真義をめぐる解釈自体が、専門の学者がする解釈論争な

回廊での勉強会（カイロ、アズハル・モスク）　無料で開催される勉強会には、老若男女の信徒が集まる。この講師は若いが、わかりやすいと人気がある。相談所まで行かずに、勉強会で質問をする人もいる。他人の質疑がためになると言う参加者も少なくない。

のであろう。一般信徒にしてみれば、大事なのは、曖昧な章句に「とりついて、争いを求め」たりせずに、すなおに学者の意見を聞くことだ、ということになる。

クルアーンが朗誦されるとき、明解な章句が強い印象を与える一方、意味が一見不可解な章句も、神秘的な響きで聞く者を引きつけるようである。そして、古くからクルアーンの真義を求めて数多くの解釈書が書かれてきた。現代に入っても、解釈書は書かれ続けてきたが、近年、いっそうその動きが強まっているようにも見える。

クルアーンの章句が人びとを魅了し続けるところ、それこそがイスラーム世界と言うべきなのかもしれない。

第III部
イスラームを生きる

イスラーム都市

المدينة الإسلاميّة

アル=マディーナ・アル=イスラーミーヤ

＊

【イスラーム都市】

マディーナの女性たち　預言者モスクは、マディーナからイスラームの教えが東西に広がる原点であった。今日でも、世界中から集まる巡礼者はマッカの後にマディーナを訪れ、イスラームの原点を確認する。

イスラーム世界ではあちこちに歴史的なイスラーム都市があり、世界遺産登録の効果もあって、最近では訪問者も増え、それぞれ知名度が上がっている。二、三〇年前までは、イスラームというと沙漠のイメージが非常に強かったが、昨今は都市の重要性がよく知られるようになってきた。

思い返すと、イスラーム都市という言葉が日本で広まったのは、一九八八年から三年にわたって実施された「イスラームの都市性」という研究プロジェクトがきっかけであった。このプロジェクトはイスラーム都市を研究対象にするのではなく、「イスラームとは都市的なるものである」という大がかりなテーゼを提出するものであった。だから「都市」ではなく、「都市性」が題名となっていた。

それまで歴史的な都市論といえば、ルネサンス期を迎えたヨーロッパから近代都市が成長したことを原点としており、都市を考える時のモデルはヨーロッパの都市であった。ところが人類史をグローバルに見ると、都市も都市国家も、遠い昔にまずメソポタミアで生まれた（紀元前三千年頃）。メソポタミアとは「二つの川に挟まれた地」を意味する。つまり、チグリス川とユーフラテス川が流れる、今のイラクである。文字が誕生したのもここであるし、文字を記録する媒体として粘土版を発明したのも、ここであった。都市国家では王が権威を持ったが、王権という概念と制度を生み出したのも、ここである。メソポタミア文明圏に続いて、都市、文字、王権などは、エジプト文明圏でさらに発展を遂げた。

このオリエントの都市の伝統を継承したのが、七世紀に同じくオリエントで生まれたイスラーム文明であり、人類史の都市性を論じるのであれば、ここから考えなくてはいけない。はるか後代のルネサンス都市をお手本としているようでは物足りない、と「都市性」プロジェクトは主張したのである。

とは言っても、ただイスラーム文明圏の話をするわけにもいかないので、都市研究の蓄積がある西洋史、中国史の専門家をたくさん交えて、比較研究をおこなった。若手としてこのプロジェクトに参加していた私にとって、何よりも面白かったのは、「イスラーム圏にまともな都市や文明があるのか」と思っていた（らしい）西洋史と中国史の専門家たちが、「これはすごい！（もしかして西洋や中国に匹敵するのでは）」と感心した（らしい）ことであった。

イスラームの専門家が「イスラーム文明はすごい」と力説しても、なかなか世の中に受け入れられない。ところが、西洋史や中国の専門家が「イスラームもなかなかやるね」という感想を持つと、世の中でもそれが広がっていく。それを目の当たりにしたのは、今から思うと、実に貴重な経験であった。

これまで何度も述べたように、イスラームはマッカで生まれた。七世紀のマッカは、アラビア半島の宗教的・商業的な中心地の一つで、有力な都市であった。規模は、世界史の水準で考えると、それほど大きくはない。後にバグダードが世界最大の都市になったことを思えば、小都市と言うべきである。しかし、商人ばかりが住む商業都市であることが、マッカに強い都市的な性格を与えた。

ここに生まれたムハンマドは、故郷マッカでは布教がそれほど進まず、ついに迫害が激化して、北方の町に移り住んだ。この新しい町は、「預言者の都市」略して「マディーナ」と呼ばれるようになり、イスラーム国家の最初の首都となった。

イスラームの都市性は、マッカという商業都市に加えて、マディーナという「イスラーム都市」の性格が合わさって、できあがった。イスラーム社会を見ると、この二つの都市に由来する側面があちこちに顔を出している。

マッカとマディーナは「二聖都」と並び称されるが、実は性格は大きく異なっている。マッカにはカアバ聖殿があり、信徒たちはそこに向かって日々の礼拝を捧げ、年に一度の巡礼の季節には大挙してマッカを訪れる。今日では、毎年三～四百万人が巡礼に参加し、カアバ聖殿を中心として周回の行をおこなう。つまり、人びとは何かにつけマッカに向かうのであり、マッカの求心力が人びとを引きつけるのである。

マッカを心臓になぞらえるならば、イスラーム世界の全身から血が心臓めがけて流れ込むように、信徒がここへ流れ込む。これに対して、マディーナは信徒を東西に送り出し、イスラームを世界に広める拡散の中枢である。マディーナで確立されたイスラームが一四世紀間の間に東西に広がり、今日のイスラーム世界ができあがった。心臓だとすれば、マディーナは全身に血流を送り出す役割を担っている。

その意味では、マディーナは「イスラーム都市」の原型であり、それをモデルに各地に個別のイスラーム都市が造られたと言える。成り立ちから見ると、各地にあるイスラーム都市は、おおむね三種類に分けられる。

第一は、アラビア半島を出たイスラーム軍がそれぞれの地域に進駐するにつれて、テントが立ち並ぶ軍営地ができ、それが都市に発展したものである。第二は、イスラーム王朝の時代になって、王城として建設された都市である。第三は、古来から存在する都市がイスラーム圏に入ってから次第にイスラーム化したものである。

シリアのダマスカスは、古代都市がローマ時代にも発展し、イスラーム時代になるとウマイヤ朝の首都になった。第三の類型に入る。八世紀のイラクに誕生したバグダードは、アッバース朝が新都として建設したものであるから、第二の類型である。チュニジアの古都カイラワーンは、北アフリカの乾燥地域の中に軍営都市として建設された。これは、第一の類型の典型例である。エジプトのカイロは、七世紀から軍営都市として発展した部分と一〇世紀に造られた王城とが合わさって発展した。第一と第二の類型の合体である。

　イスラーム圏を旅する楽しみの一つは、このようなイスラーム都市をめぐることであろう。昨今はどの国でも近代都市が増殖しているものの、歴史のある都市には旧市街が必ずある。そのようなイスラーム都市の街区には、必ず中心部に大モスクがある。モスクの様式や建築素材は、地域によって異なる。アラビア半島や北アフリカの乾燥地域では、屋根のない内庭が広々としている。暑い夏には、内庭をぐるりと囲む回廊の日陰が涼しく、気持ちがよい。トルコなどの湿潤な地域に行けば、モスクには巨大なドームがあり、天井のない内庭もあるものの、ドームを戴く広間のほうが大きい。ドームの内側の華麗な装飾は視覚的なリズムを刻み、不思議な空間を作る。イランや中央アジアでは、モスクの壁面を飾るブルーのタイルが目に心地よい。

　モスクの周囲には、スーク（市場）が迷宮のように広がっている。スークで不思議でならないのは、同じ品種を扱う業種が同じ地区に並んでいることである。香料屋、絨毯屋、布屋、本屋、乾物屋、雑貨屋などがそれぞれ軒を並べ、路地を回るごとに業種が変わる。しかも、店舗には広告や宣伝は一切出されていない。イスラーム経済はその始まりから市場を中心としてきたが、これではどうやって市場原理が働くのか不思議である。

　たとえば香料屋なら香料屋が何十軒も並んでいる。どの店も間口も作りも似たようなもので、違いと言えば、看板に書かれた店の名前くらいである。客は、いったい何を基準に店を選ぶのであろうか。あるいは、各店舗は何をもって、客を引き寄せようとするのであろうか。

新しいイスラーム都市（ドバイ）　イスラーム都市の景観はモスクのミナレットとドームで彩られている。その一方で、現代都市はモダンなビルをどんどん増やしていく。中東随一の商業都市ドバイは、その２つが混じり合う最先端を進んでいる。

実際には、店によって得手不得手があるし、特に上質の商品を扱っている商人もいる。知る人ぞ知るで、なじみの客はみなその情報を持っている。違いは値段と質だけではない。店の主人と客が世間話をしたり、商品のことを聞いたり値段を交渉する会話も、生活の重要な一部である。そこも、客の好みが分かれる。

そう考えると、店同士の競争は宣伝といった自己主張ではなく、目に見えない部分でおこなわれているのではないか。それと同時に、同じ業種の店が並んでいる以上、いずれの店も成り立つという共存共栄の仕組みも働いている。

外国からの訪問者にとっても、スークで過ごす時間は楽しい。値段の交渉も、イスラーム都市ならではの楽しみと思える。店先でお茶をご馳走になりながら、ゆったりと値引き交渉するのも、極上の時間である。

カフェ物語

مقهى

マクハー

＊

【カフェ】

モカ村のカフェ（イエメン）　イエメンは最初のコーヒーの商業的生産地で、モカはその最大の積み出し港であった。今ではモカはわびしい村に過ぎないが、小さなカフェが遠来の客を温かくもてなしてくれた。

カイロの街中には、たくさんのカフェがある。店と歩道の間に仕切りがない場合も多く、歩道にも小さなテーブルや椅子が張り出して置いてある。

そんなカフェの姿を見て、「パリのカフェと同じだ！」と喜ぶ人がいるが、カフェのこのようなあり方はもともとは一六世紀初めのカイロで成立した。それがオスマン朝の帝都であったイスタンブルに伝わった。カフェは当時の最新のモードであったから、ヨーロッパから来た外交官、商人、旅行者たちは驚き喜び、フランスやイギリスにこれを持ち帰ったのである。一七世紀の西欧ではカフェが流行して、あっという間に広まった。

「カフェ」という言葉も、アラビア語に起源がある。コーヒーを「カフワ」というが、それがコーヒーとカフェと両方の語源になった。とはいえ、「カフワ」そのものはカイロっ子の発明ではない。

コーヒーの木はエチオピアが原産とされるが、当地では薬草として使われていたらしい。この、木になる豆を用いる飲料を発明したのは、エチオピアからは紅海の対岸に位置するイエメンの人びとである。「モカ・コーヒー」という名は有名であるが、モカはイエメンの積み出し港であった。たとえば、「モカ・マタリ」という品種は、「マタリ」が産地を指し、モカが積み出し港という命名による。

コーヒーを飲むと目が覚めることも、イエメン人が発見した。イスラーム神秘主義では夜通し神の名を唱える修行があるが、その修行時にコーヒーを飲むと、眠気を払って修行に励むことができる。神秘主義の教団の一つに、シャーズィリー教団がある。どうやら、この教団がコーヒーを最初に活用したらしく、北アフリカのチュニジアではコーヒーそのものを「シャーズィリー」と呼んでいる。

私はコーヒーのルーツを求めて、イエメン訪問時にはモカ港まで旅した（モカはアラビア語では「ムハー」と発音する）。その時の失望は忘れられない。かの有名なモカは今やさびれた小村で、港の施設もなければ往時のざわめきの跡はカケラも見当たらない。

歴史書によれば、盛んな時代には内陸部から運ばれてきたコーヒー豆を港に運ぶために、常時千頭ものラクダが使われていたという。ラクダは人類がこれまでに飼い慣らした最大の家畜で、一頭が一五〇キロほども積荷を運ぶことができる。千頭いれば一五〇トンの積荷をさばくことができる。

今や人気の少ないモカで、市場の跡でもないかと探したが、それもかなわなかった。そのかわり村のモスクがあり、その名を聞くと「シャーズィリー・モスク」だったのが、せめてもの慰めであった。シャーズィリー教団はここでもコーヒーと関係があったに違いない。

イエメン産のコーヒーはエジプトに伝わり、カフェという新しい社交場を生み出した。当時のカイロは、長らくイスラーム世界の中心的な位置を占め、文化も成熟していた。

イスラーム世界では酒を飲まない。なぜ飲まないかと言えば、「聖典クルアーンで禁じられているから」と誰もが答えるが、禁じられているだけならば禁を犯す人もいる。それよりも積極的な理由がある。それは素面を前提として楽しく交友できる文化が成立しているからだと思う。

日本のように普段は作法が厳しく、「酒の席」でもないと本音をもらせない社会では、飲酒には社会的な意味があるし、人間関係の潤滑油の側面も見られる。エジプトでは、はるかにあけっぴろげな人間関係に出会った。「なるほど、これなら酒がないのもわかる」と感じ入った。礼儀はあるものの、日本のように建て前と本音を使い分けて会話する必要はない。面と向かって「私はあんたに怒っている！」と言われたら、「なぜ!?」と聞き返すのが会話の定型となっているような社会構造は、日本にはない。酩酊しないコーヒーという飲料の発明はイスラーム圏ならではのことであるが、それを利用してカイロでカフェという社交場が成立したのも、酒を飲まずに交際するイスラーム文化が背景にあるからであろう。

ちなみに、西欧でこれが熱狂的に受け入れられたのも、酒を飲まない社交の場が時代の要請となりつつあったからである。それまでのイギリスなどでは、家や仕事場以外で人と会うとなるとパブが相場であったが、パブは近代的なビジネスや真面目な政治談義をするには向かない。

カイロに住んでいた頃の私は、カフェをアラビア語の勉強場所として使っていた。近所のカフェに出かけると、暇そうにコーヒーをすすっていたり、水タバコをふかしている人を見つけ、隣に座る。

日本ではふつうは喫茶店で見知らぬ他人と相席することはないが、カイロでは誰も気にしない。「ここ、いいですか？」と聞けば、みな歓迎である。外国人は街角のカフェでは珍しいので、よけいに歓迎してくれる。

ひとしきり挨拶が終わると、やおら、その日に話したいと思って覚えた単語や構文を使って、話をする。相手も「アラビア語がうまいねぇ」などと言いながら、こちらの仕掛けた主題にのってくれる。「最近の物価は高いと思うけど…」「今のエジプトの外交関係だけどね…」などと話を向けると、いろいろと論じてくれる。

独裁時代であれば政治的な話題は避けそうな気がするが、実際はそうではなかった。嫌がるのは個人的な情報に触れる話である。「意見」ならば、たいていのことについて、思うことを話してくれた。無料でネイティヴ・スピーカーがいくらでも付き合ってくれるのであるから、カイロではカフェほど便利な語学の教習場はなかった。

あちらから必ず聞かれるのは、「エジプトをどう思う？」という質問である。これは、答えが決まっている。「エジプトは素晴らしい！」とか「エジプト人はいい人たちだ！」と答えるのが正答である。

時折、日本人の来訪者で、この問いに本当に自分が思った不満などを答えている人を見かけた。誤答をすれば、たいていエジプト人との口論になってしまう。

エジプトの人びとは、イスラーム的な「もてなし」の義務を自覚している。外国人は遠来の「客」であるから、きちんともてなしたいという意識が働く。ということは、「エジプトをどう思う?」という問いは、自分たちがホストとしてちゃんとやっていると思うか、という意味を含んでいる。

食事に呼ばれれば、こちらが食べきれないほど、やたらとご馳走を勧めてくる。それは「もてなし」である以上、実は、客にも「おいしい!おいしい!」と喜ぶ義務がある。ちゃんと食べないのであれば、客である権利も危うくなる。

その時、料理をどう思うか聞かれて、「素晴らしい!」と答える以外の選択肢はないであろう。料理の評論家的な講評を聞かれているわけではないのである。「エジプトをどう思う?」と聞かれた時も、同じことになる。「エジプト人はみないい人だ! 世界で一番いい国だね」と答えると、相好を崩して、「いや、いや、日本こそ世界で一番いい国だ」と行ったこともない国をほめてくれる。

そんな会話をカフェで存分に交わして、支払いをして帰ろうとすると、相手が自分が払うと主張する。こちらが「いや、私があなたの分も払うよ」と言い合って、たいていはあちらが支払いをしてくれることになる。ある時は、支払おうとすると、店主が「奥の客がもう払ったから」と言うので、驚いた。会話さえしていない人が、遠来の客だと見て払ってくれたのである。

エジプト人はカフェでは、ティーかコーヒーを飲む。コーヒーは「トルコ・コーヒー」と呼ばれるも

カフェでくつろぐ人びと（カイロ）　カフェ文化の発祥地らしく、カイロにはたくさんのカフェがあり、コーヒー、ティー、水タバコを楽しむ客が集っている。しばらく通っていると常連と仲良くなり、こちらも常連の仲間入りができる。

ので、高さが五センチもない器（おちょこに似ている）に、小さなひしゃくのようなカナカから注いでくれる。カナカは、挽いたコーヒー豆、砂糖、水を入れて、柄を持って直火で熱する。

それを漉さずに器に注ぐので、全部を飲み干すことはできない。底にたまっている豆を飲み込むと、じゃりっと砂のような舌触りで、苦さが口に広がる。といって、あまりに早めに切り上げると、もったいない。だから、ちょうどいい分量で飲みきった時は、嬉しくなる。

イエメンでは苗の持ち出しが禁じられ、コーヒー生産を長らく独占していた。しかし、ヨーロッパ人が密かに盗み出し、やがてジャワなどで作付けられ、イエメンの独占は破られた。イエメンでの栽培は続いているが、モカ港の繁栄は失われたのであった。幸いカイロでは、現在もイエメン製の豆を使っている。

千夜一夜物語

ألف ليلة وليلة

アルフ・ライラ・ワ・ライラ

＊

【千夜一夜】

バグダードへ向かう隊商の旅（13 世紀の挿絵から）
ハリーリー（1122 年没）の散文文学に、1 世紀ほど後の名画家ワースィティーが挿絵をつけた作品は、当時の人びとの暮らしを活写して、現代に伝えてくれる。

日本でなじみが一番あるアラブ文学と言えば、千夜一夜物語ではないだろうか。アラビアン・ナイトの名でも知られ、「アリババと四〇人の盗賊」や「アラジンと魔法のランプ」、シンドバードの冒険譚などは、子ども向けの物語としても広く知られている。しばしば映画やマンガの素材にもなっており、誰もが見たり読んだりしたことがあるだろう。

昔は「物語」と言えば、「語り物」であった。千夜一夜物語の場合もアラブ諸国では専門の物語師がいて、カフェなどで朗々と物語を語ってくれた。暗唱で語るのであるから、即興ではしょったり付け足したりして、客の好みに合わせる。客の方も希望があれば、「シンドバードがルフ鳥に襲われるくだりをやってくれ」などとリクエストしたという。

私がエジプトに初めて渡った一九七〇年代半ばには、もう物語師はほとんどいなくなって、一、二度、カフェで見かける機会があっただけである。六〇年代まではたくさんいたという。彼らが姿を消した最大の原因は、テレビが普及したことであった。夏の夕暮れにカイロのカフェで物語師に耳を傾ける楽しみは、今から思えば、なんとも贅沢だったに違いない。

アラビア語で最も流布している書物は聖典クルアーンであろうし、大衆的な文学としては千夜一夜物語であろう。クルアーンはもともと「読まれるもの／誦まれるもの」の意で、今日でも朗誦を聞くのが基本となっている（第Ⅰ部「クルアーン」参照）。千夜一夜物語も千年にわたって語り物として楽しまれてきた。この二つが耳から聞く古典であることは、アラブ文学（ないしはアラビア語そのもの）の特徴を示していて、興味深い。

物語師が語って聞かせると言っても、千夜一夜物語のように長いものを一度に語り尽くすことはできない。幸い、この物語はオムニバス形式の物語がいくえにも連なっている。語り手の存在が全体の枠組みとなり、その話の中にさらに語り手たちが出て、それぞれの物語を語る形式を「枠物語」という。

一番外側にいる語り手は、シェヘラザードである。その名はペルシア語で「町に住まう娘」を意味する。このあたりに、千夜一夜物語が元来はインドやペルシアの物語を発祥として、アラブ世界で発展した経緯が現れている。さらに、バグダードの繁栄期の物語が加わり、後のカイロで熟成して、今日のような多様な物語を含むようになった。

話の発端は、ある王の暴虐である。妻の不倫を目撃して女性不信に陥った王が、国中の娘を次々と王宮に召して、初夜が終わると不倫が決して起きないように殺してしまう、とんでもない所業に走ったのである。とうとう、若い娘が払底するところまで来て、大臣の娘シェヘラザードが王の下に赴いた。彼女は物語が巧みで、毎夜、王に物語をして聞かせ、三年の間に世継ぎも生まれ、最後には王の女性不信も解かれ、「メデタシ、メデタシ」となる。千一夜にわたって物語が続くから、千夜一夜物語という。

筆者も子どもの頃はアラビアン・ナイトのあれこれを読んでいたが、大人になってイスラーム研究を始め、カイロに留学してから、再読して驚いた。何ともイスラーム的な暮らしの情景に満ちあふれた物語なのである。一般には、そんなイメージではない。冒険あり、盗賊あり、魔法あり、恋あり、不倫ありのファンタジーというのが、通念である。イスラーム世界で形成された物語である以上、イスラームがあちこちに顔を出すのは当たり前かもしれないが、なかなかそれには気がつかない。

そもそも、登場人物たちのあいさつが「アッサラーム・アライクム（平安があなたたちの上にありますように）」である。実際の文章を見てみよう（以下では、引用は日本で初めてアラビア語原典から訳された平凡社版〈前嶋信次・池田修訳〉を用いる。それ以前は、英語やフランス語からの重訳が流布していた）。

この物語では、語り手は旅中に落ちぶれて、衣服もぼろぼろになって、ある町にたどりついた。そして「ふと仕立屋がその店に坐っているのを見て、挨拶の言葉をかけましたところ、その男も『アレイクムッ・サラーム』（あなたにこそ平安がありますように）と答礼し、さあさあよくこそわたらせられましたなあと迎えいれてくれ、いかにも親しげにもてなしながら、どうして異国からこのようなところに来たのかと、そのわけなどをたずねてくれました。」

この仕立屋は、主人公を泊めてくれ、食事を出し、もてなしてくれる。見知らぬ人を「客」として受け入れ、歓待することはイスラームでは美徳の一つとされ、今日でもイスラーム圏に行くと、異邦人である私たちはよく歓待される経験に出会う。逆に、旅人の方でも、旅路で困ると付近の住人のホスピタリティにすがることが起こる。

千夜一夜物語の中でも、たとえば旅人が「声高らかに、『館の衆にもの申す。これは異国から参った旅びとでござる。なにか食糧のお持ちあわせはあるまいか』と叫び、これを二回、三回と繰返しました。」という具合である。

住民の側からの描写もある――「そのとき、おや、ご門を叩く音がきこえるではありませんか。…『なにが起こったの』とみんながたずねますと、『ご門のところにね、三人のペルシアのカランダール（イスラムの遊行僧）が立っているですよ。…ご門をたたいたわけはと申しますと、どこにも泊まるところが見つからぬためだとか』…」。

現在でも、イスラーム圏の田舎では道に迷ったり、宿泊する場所がみつからない時は、村人たちの情宜にすがればよい、という。いったんそれで誰かと知り合いになると、ツテができて、次々とツテを頼って助けてもらうこともできる。

上述の仕立屋も、見知らぬ旅人を泊め、もてなしてくれた。ところが、いつまでも居候をさせてくれるわけではない――「それから、それがしは三日の間、この男のもとに滞在しましたが、そのあと、はじめて、男はそれがしに、『なにか世過ぎの道になるような技術をお持ちですかね』とたずねました」。仕立屋としては、そろそろ、自立したらどうか、ということを客に提案したわけである。

なぜそれが「三日の間」であったのか、筆者にもしばらくわからなかった。ところが、ある日イスラーム法学書を読んでいると、「客の権利は三日三晩」という記述を見つけた。見知らぬ人にも客として扱ってもらう「権利」があることに驚くが、それが「三日三晩」と明確に規定されていることにも驚く。仕立屋はイスラーム法の教えに従って、旅人を客として扱い、三日の間は客の権利を与え、四日目に自立を助けるという「同胞の務め」に転じたということになる。

自然の心情が語られる中でイスラーム圏が浮き出てくることもある。別な物語では、語り手が素直に「その言葉をきいておりますうちに、いと強くいともかしこきアッラーの思召しでございましょう、それがしの心のうちにその女をばあわれと思う情けがわきいでました」と語っている。ここは、「あわれと思う気持ち」も唯一の創造主が創る、というイスラーム的な想念がファンタジーの中に自然としみ出ている。

ファンタジーの大事な要素として、魔法も登場する。池の中にいる魚が実は人間というシーンで、登場人物が秘密を明かす――「あの女はこれらを魔法によって魚に変えてしまいました。白いのはイスラム教徒、赤いのは拝火教徒、青いのはキリスト教徒、黄色なのはユダヤ教徒なのでございます」。多様

ハリール（ヘブロン）の陶器工場（パレスチナ、ヨルダン川西岸地区）　ハリール（友）とは「神の友」と呼ばれたイブラーヒーム（アブラハム）を指し、町の起源は古代までさかのぼる。ここでは千夜一夜物語の頃から伝統工芸が栄えてきた。

な宗教が色分けになっているのが面白い。また別な場面では、魔法で猿に姿を変えられた人物が船頭に助けられる――「船頭はそれがしを哀れに思い、『おあきんど衆よ、これなる猿めは俺に助けてくれいといいよる。俺はこいつを庇うことにしやした。こいつは俺の後盾をうけているものでごわす。誰もこいつに手出しをしたり、悪さをしちゃあなんねいだぞ』」。船頭は猿にも（実は人間とは知らずに）、イスラーム法でいう「庇護」を与えたのである。

こうしてみると、千夜一夜物語が問わず語りにイスラーム的な物語になっていることが、あちこちによく示されている。そのことがわかって読み進むと、冒険あり、魔法あり、恋あり、イスラームあり、の物語であることがよくわかる。

遊牧文化

البداوة

アル=バダーワ

*

【遊牧性】

アラビア半島の岩山　日本で山と言えば緑を想像するが、中東の乾燥地帯ではこのような山が多い。厳しい環境である一方、草木のように枯れるものはなく、時を超えて変わらぬものがあると暗示している。

「うわっ、これはすごい！」と思わず声をあげてしまった。かつて、初めてサウディアラビアの首都リヤドを訪れた時のこと。郊外の沙漠へドライブをしていると、真ん丸に緑の地が広がっている。それが「小麦畑」と知ると、一瞬絶句してしまう。コンパスで紙の上に円を描いたように完全な円形をした畑であった。土地の形状に合わせた畑はいろいろ見てきたが、平坦な沙漠の中に広がる直径数十メートルの円形の畑は、驚きの初体験であった。

畑が円形になる理由は単純で、片側を軸に固定された灌漑用の長いパイプがローラーによってぐるぐる回りながら、宙空から水をまいている。円形に散水され、水がかかるところだけが緑化され、赤砂の沙漠とコントラストを作っていく。

日本では砂漠と「砂」の字を使うことが多いが、沙漠（水が希少な地）には、土壌の種類によって砂沙漠、土沙漠、岩沙漠などがある。アラビア半島は典型的な砂沙漠が多く、きれいな波紋を描いている砂丘も見られる。

畑の情景は、砂沙漠といえども必ずしも「不毛」ではないことを示している。八千年前のアラビア半島には緑も多く、ライオンやキリンなどもいた。今日のアラブ人の男性名にしばしば「アサド（獅子）」「ファハド（豹）」といった勇猛な動物が用いられるのは、遠い昔のアラビア半島の風土を反映している。言うまでもなく、今では大型の動物は家畜のラクダがもっぱらで、ライオンやキリンの姿は望むべくもない。紀元前二千年頃までには乾燥化が進み、現在見られるような環境が生まれたと考えられている。

乾燥地域はアラビア半島を真ん中にすると、東は中央アジアへ向かい、西は北アフリカを横断して、広大なサハラ沙漠につながっている。ちなみに、「サハラ」はアラビア語で沙漠を意味し、サハラ沙漠は「沙漠沙漠」の意になってしまう。北アフリカではこの沙漠を「巨大なサハラ」と呼ぶ。

水のない沙漠には人は住めないが、水源があれば、人も家畜も生きることができる。そこでは、貴重な水は節約して使わなければならない。少量の水があれば生きていける乾燥地の植生と、それに依存して生きられるラクダやヤギなどの家畜が役立つ。そこに遊牧民の暮らしと遊牧文化が成立する。

先史時代にどのようにして遊牧民が生まれたかは、まだ完全には解明されていない。農耕および牧畜が先に始まり、乾燥化が進むとともに、生態に合わせて遊牧の技術が発展したとの説がある。その一方で、農耕に先立つ狩猟採集の時代に人びとは移動して暮らしており、そこから遊牧に発展したとの説もある。

いずれにしても、人類が農業技術を手にして以降、それと並行して遊牧技術が人類史の中で大きな役割を果たしてきた。たとえば都市の成立と発展にしても、農業の生産力が上がると、余剰生産物を蓄積して都市が生まれるという見方は単純すぎる。古代メソポタミアでの都市の誕生を見ると、農業生産力が上がる一方で、周辺地域に遊牧民がいて、彼らが都市を結ぶ交易を担ったからこそ都市が発展したと考えられる。シルクロードの繁栄を見ても、遊牧民が担った東西交易の役割は人類史上、きわめて大きなものであった。ところが、近代に入って蒸気船や自動車の時代となると、遊牧民の役割は終わった。軍事的な面を見ても、前近代に定住文明に脅威を与えた遊牧民の移動力と軍事力も、産業革命以降の西欧には歯が立たなくなった。

二〇世紀に入ってイタリアが現在のリビアに攻め込んだ時、遊牧民たちはイスラーム的なネットワークと軍事的な機動力を生かして、激しいレジスタンスを敢行した。その指導者ウマル・ムフタールは、リビアで現在も国民的な英雄として尊ばれている。彼らを制圧するのに、近代的なイタリア軍でさえ一九一一年から三一年まで二〇年もかかった。しかし、このあたりが遊牧民でも近代軍に対抗できた最後の時期だったであろう。

私たちの文明観は、中国を中心とする東アジアおよび近代の西欧を基礎としている。どちらも定住文明であり、遊牧民をひたすら「脅威」「野蛮」として扱ってきた。万里の長城や、ローマ時代以来の西欧の城壁は、彼らにとっての遊牧民対策がいかに重要であったかを物語る。日本では、近くに沙漠もなく遊牧民もいないため、中国と西欧の遊牧民認識をそのまま受容してきた。

都市と農村を基盤として沙漠を除外する定住文明の観点から見ると、イスラーム文明は理解しきれない。イスラームは、乾燥地域のアラビア半島で生まれた。その背景には遊牧民の暮らしや遊牧文化が色濃くある。にもかかわらず、イスラームそのものは遊牧民の宗教ではなく、商人の都市マッカに発する。

マッカが商業都市であった理由の一つは、水源が限られ、生存は可能であるものの、農業には適さなかったためである。その問題を商才が救った。ラクダを大量に用いる隊商貿易を発展させたのは、ムハンマドの曾祖父ハーシムの貢献と言われる。ムハンマド自身も商業に従事していた。商業的な合理的な発想や契約を重視する思想は、聖典クルアーンを読むと、よくわかる。

その一方で、新しい宗教としてのイスラームは、故郷マッカでは迫害された。唯一神の信仰と人間平等を訴える主張が、マッカの支配者たちが堅持していた部族的血統の重視や諸部族と結びついた多神教とぶつかったからである。そのため、北方の都市マディーナに移住することになった。いわゆる聖遷（ヒジュラ）である。西暦六二二年のことで、これは後にイスラーム暦元年と定められた。

マディーナは農業を基盤とする町である。主産品はナツメヤシや小麦で、今日でも「マディーナのナツメヤシ」と言えば良品で知られている。

このようにして、乾燥地域の沙漠とオアシス、遊牧的な文化、都市、農業地帯といった要素を合わせて、イスラームが成立した。三つの要素、つまり「都市性」「農耕性」「遊牧性」を合わせている点が重要である。これは西欧や中国の文明には見られない。

西欧や中国では、都市性と農耕性を定住文明の特徴として、遊牧性やその文化を「野蛮」として文明地帯の外に置く。これは定住と遊牧を二項対立で見る考え方である。そして、文明の内部では都市と農村が二項対立で語られることが多い。このような定住文明とは違って、イスラーム圏では遊牧文化をも取り込んだ固有の文明が成立することになった。

実のところ、アラビア半島の伝統でも、定住と遊牧は二項対立で語られることが多い。定住民は土地にへばりついて「土の家」を作り、遊牧民は移動の自由を好み「毛の家」を作る。毛の家とは、家畜の毛を織物に用いたテントを指す。定住民は土地を持っていることを誇り、遊牧民は自由であることを誇る。このような比較を聞くと、あたかも二項対立のように聞こえる。

しかし、西欧や中国の見方とは異なり、ここでは両者は対等である。互いに違う生業や価値観を持っているが、定住を文明に結びつけ、遊牧を野蛮とみる見下し方はない。遊牧性をアラビア語では「バダーワ」と呼び、その民を指す「バドゥ」が英語で「ベドウィン」となった。

イスラーム文明には、遊牧民を見下す発想はない。信仰さえあれば、彼らは移動能力や軍事力に優れ、乾燥地帯をものともせず縦横に活躍する。彼らの徳目である寛容、もてなし、自制などはイスラームの美徳に取り込まれた。

イスラーム文明の中で遊牧文化がもっともよく現れているのが、聖典クルアーンであろう。遊牧民は

ナイル川と沙漠（上エジプト）　ナイル川は乾燥地域の真ん中を流れているため、水辺から少し離れると、すぐ近くまで沙漠が来ている。「エジプトはナイルの賜物」と古くから言われる通り、乾燥域では水源があってこそ、生も生活も文明も成り立つ。

無文字であることが多く、書板に記録を残したりしない。その一方で、自由に持ち運べる「財産」として、美しい言語を尊ぶ。イスラーム以前のアラビア半島では詩人たちが詩作を競い、優れた詩が口承で広められた。

都市では言語が発展し、名詞が増え、言葉が豊かになると言われる。そのかわり、時代とともに大きく変遷する。それに対して、遊牧民の言語は原初的で、古い形を長く伝えることが多い。いわば、時代を超えていく。

クルアーンは七世紀のアラビア語を今日に生き生きと伝えている。これはまさしく「時を超える言語」であろう。イスラームは遊牧民的な言語のあり方を聖典の中に取り込んだ。だからこそ、二一世紀の今でもクルアーンが朗誦される時、七世紀のアラビア語が響き渡るという不思議が起きる。

人名の中の宗教

الأسماء

アル=アスマー

＊

【名前】

キリスト教徒の子どもたち（オールド・カイロ）
エジプトでは古くから、イスラームとコプト・キリスト教が共存して暮らしてきた。教会の前で遊ぶ子どもたちの手首を見ると、小さな十字架の入れ墨があった。

「その人の姓は、ただのフーリーですか？　それとも、定冠詞の付いたアル＝フーリーですか？」と、レバノン出身の教授が聞いた。英国で開催された現代アラブに関するシンポジウムでのことであった。けげんそうな顔をする他の参加者に、その教授は解説した——「定冠詞が付いていれば、マロン派キリスト教徒の一家でしょう。そうでなければ、たぶん正教会のキリスト教徒ですね」。

フーリーという姓はもともと神父を指す語であるから、キリスト教系の名前であることは容易に想像がつく。しかし、レバノンの歴史的事情で定冠詞の有無が教派の違いにまで及ぶとは、部外者にはわからない。現地の宗教事情を聞いて、参加者は驚きつつうなずいたのであった。

この事例は姓と宗派の結びつきを示しているが、姓を聞かずとも、アラブ人はファースト・ネームだけで、たいていは宗教がわかる。ムハンマドという名が預言者ムハンマドにちなみ、ムスリムに特有であるのを始めとして、預言者を後継した正統カリフ四代の名前もイスラームでしか見られない。

それに対して、イエス・キリストの弟子などの名前は、当然ながら、もっぱらキリスト教徒の名前である。アラビア語化しているので、マルクス（マルコ）、ユーハンナー（ヨハネ）、ブトルス（ペテロ）などとなる。ペテロも、アラビア語にはp音がないため、ブトルスとb音の名前となる。パウロはアラビア語ではブールスとなる。

ちなみに、ジャパニーズ・イングリッシュではlとrを間違えがちであるが、アラブ人にもアラブ的な英語の間違いがある。よくあるのは、pとbを混同することである。「ブッシュ」と「プッシュ」を間違えたりするのは、アラブ人のご愛敬である。

アラブ人が子どもに偉人、聖人の名前を付ける習慣は各宗教に共通している。ただし誰を偉人とみなすかは宗教によって異なる。「ハムザ」ならば「アッラーの獅子」と呼ばれたイスラームの英雄ということになるし、「ギルギス」ならば起源は竜と戦ったと伝えられる聖ゲオルギオスを指す。これはギリシア語名であるが、英語ではジョージとなる。アラビア語の場合、ギルギス、ジルジーなどの発音になった。現代では英語風にジョージと名付けることもあるが、アラビア語には「オ」の母音がない上、r

は強く発声するので発音はジュールジュとなる。

そのような背景から、アラブ人はファースト・ネームから七割くらいは、宗教的な出自がわかる。アフマド、フサインなどはイスラーム以外ではありえないし、ビヤール（ピエール）は疑いもなくキリスト教徒である。イスラームの中でも、初代正統カリフのアブー・バクル、第二代のウマルはスンナ派にしか見られない。シーア派は二人が最適の後継者だったアリーを押しのけたと解釈し、今でもそれに文句をつけている。ただし、第四代正統カリフとなったアリーはスンナ派にも人気があるので、アリーという名を見てシーア派と思うのは間違いとなる。

名前からだけでは宗教がわからない場合もある。それは、イスラーム、キリスト教、ユダヤ教に共通の名前である。これら三つの宗教は同じ唯一神を信奉する一神教なので、聖典の登場人物は何人も共通している。イブラーヒーム（アブラハム）、ムーサー（モーセ）、ユースフ（ヨセフ）などは、いずれの宗教でも尊ばれている。また、唯一神には神の属性を表す別名があるが、それに人間を表す「アブド（しもべ）」を足す複合名がある。神の属性の名とは、「アッラー」という固有名詞のほかに、神がどのような存在かを、「創造者」「全能者」などと示すものである。その神名は三つの宗教の間で違いもあるが、共通のものもある。たとえば、「アブドゥルワーヒド（唯一者のしもべ）」はユダヤ教でもイスラームでも見られる。「アブドゥルマリク（王権者のしもべ）」であれば、キリスト教徒かムスリムか、それだけでは判別がつかない。それに対して「慈愛者（ラフマーン）」はクルアーンだけに登場する神名なので、「慈愛者のしもべ」はムスリムにだけ使われる。

もう一つ、三宗教に共通な名前は、人間としての美徳やアラブ的な美質を示す名前である。サーミー（高貴な）、ムニール（輝く）、ワジーフ（傑出した）、ジャミール（美しい、美形の）といった名がこれに含まれる。女性にはこれらの女性形の名前を用いる。

ここまで詳しく、人名の多くが宗教性を帯びている現状を見てきた。中東の人びとはだれもがそれほどまでに信仰深いのであろうか。実のところ、名前が宗教性を帯びていることは、内面の信仰を示すというよりも、「人は誰もが何かの宗教に帰属している」という社会的ルールを示している。中東での子どもの命名は、日本のように名前を新たに作ることはなく、宗教ごとに定まっている名前群から選択する。勝手に名前を創ることはない。親の願いを表明するにしても、伝統的に決まっている名前群の範囲内で何を選ぶかという程度に過ぎない。

しかも、アラブ諸国では「宗教」と言えば三つの一神教のことで、多神教は存在しない。イランではゾロアスター教も認められているものの、人口は非常に少ないし、起源がキリスト教よりも古い伝統的な宗教である。総じて言えば、この地域での宗教はごく限られており、宗教認識も非常に保守的である。

では、イスラームが東進して、さらに多様な宗教と出会った東南アジアでは、事情はどうなっているであろうか。インドネシアには、バリ島のヒンドゥー教もあるし、中国系の国民を中心に仏教、儒教もあるし、西欧からはキリスト教が伝わっている。これらの宗教はいずれも公認され、ゆるやかな共存が実現している。しかし、その前提となる国是の「建国五原則」は、その第一に「唯一神の信仰」をあげている。つまり、バリのヒンドゥー教も、仏教も儒教も一神教であるという想定の下に認められている。イスラーム世界の宗教認識は、インドネシアまで来ても一神教的な色彩が強い。

中東やイスラーム世界では、社会的な区分としては、誰もが帰属する宗教を持っている。しかも、その宗教は多くの場合に、個々人の名前に姿を現している。このような実態は、日本語で言う「宗教」とは全く異なって見える。日本には新しい宗教も伝統的な宗教も数多くあり、人はどれでも自由に入信も離脱もでき、また無宗教を標榜することもできる。

中東でも宗教である以上は、改宗は可能である。しかし、生まれながらの宗教を捨てて、何ものにも入らないことはできない。そもそも結婚や離婚は宗教事項とされているので、宗教なしには家族も作れない。こうなると、宗教は「地縁」や「血縁」のように、生まれながらに人に付着している属性に近い。

宗教を表すアラビア語の「ミッラ」は、誰もが帰属している社会的共同体を意味している。それを通じて出来る人間関係を、私は「ミッラ縁」と呼んできた。日本では、地縁・血縁に対して、自分の選択によるつながりを「社縁」と呼ぶ。この「社」は結社の意味で、思想や趣味、学歴、職業などのつながりは社縁にあたる。中東では、地縁・血縁と社縁の間に、ミッラ縁が位置している。「ミッラ縁のない人間はいない」というのが中東の人間観であり、宗教観である。

日本でも近代化の中で、地縁・血縁を薄めようとする動きがあった。教育や就業にしても、地縁や血縁のコネなどではなく、能力をベースに平等な機会を与えられるべきという考え方が広まった。中東でも、地縁・血縁、さらにミッラ縁を断ち切り、自由な個人を確立すべきという主張がある。かつてレバノンでの調査中に仕事で一緒になった女性は、自分の出自であるミッラに触れ、激しい言葉で語った

マレー世界のモスク（ブルネイ・ダルサラーム）　イスラームは東進して、16 世紀までにはボルネオ島まで到達した。イスラームの教えもアラブ起源のムスリム名も伝播し、マレー的な文化と融合して、独自の発展を遂げてきた。

——「そんなことは誰も問わない社会に、いったいいつになったらなるのかしら。レバノンでは、仕事だって宗教ごとの配分が配慮されるけど、おかしいわ。基準は、能力であるべき。仕事なんだから。誰もが宗教を問題にする社会なんて、うんざりね」。

確かに中東でも、二〇世紀半ばまでは世俗化が進み、脱宗教化も進んでいた。しかし、その後の流れは、この女性の望みのようには進んでいない。宗教復興が起き、三つの一神教はいずれも宗教的アイデンティティを強めるようになった。そのことで、宗教間の摩擦も生まれるようになっている。この現代においてミッラ縁が再び強まった今日、新しい宗教共存の形を実現することはできるのであろうか。疑いもなくそれは、非常に大きなチャレンジとなっている。

乞う者の権利

حقّ السائل

ハック・アッ=サーイル

＊

【乞う者の権利】

喜捨箱（テヘラン）　街角に設置された喜捨箱は、いつでも喜捨ができて信徒にとって便利である。イスラームでは、困った人を助けたい信徒を手伝うのも、行政の大事な仕事とされる。

赤子を抱いた若い母親らしき人が、道の向こう側から通りすがりの私を呼んでいる。ある日の昼下がり、カイロの繁華街でのことである。

何事かと思って、道を渡って近づくと、その女性は「恵んでおくれ」とこともなげに言う。あっけにとられて、一瞬、乞食をしていることがわからなかった。

わかってみると、腹が立つ。なぜ、乞食が私を呼びつけるのか。恵んでほしいのであれば、そちらから来るべきではないか。しかも、なにがしかをあげても、「ありがとう」もろくに言わない。

ところが、エジプトに暮らしてこのような経験を重ねると、腹が立つのは乞食を見下しているからと気がついた。エジプト人は誰も頓着していない。人は平等であるから、「ものを乞うくせに呼びつけるな」という論理にならないのである。乞う者は、お金に余裕がある者に「あなたの義務として、私に恵みなさい」と要求している。正当なことを求めるのに、卑屈になる必要はないということになる。

ムスリムは、信徒の最も基本的な義務として「五行」を果たす。その一つが「喜捨」、すなわち、自分が保有する財産の一部を貧しい人のために差し出すことである。「喜んで捨てる」という表現は、いかにも宗教的な善行のようで響きがよい。しかし、この語は日本語の仏教用語を借りたもので、イスラームでは「執着を捨てて差し出す」という考え方はない。

むしろ、「返すべきものを返納する」という発想である。クルアーンには「彼ら〔神を畏れる者〕の財産には、乞う者と何も持たない者たちの権利が含まれている」（撒き散らす風一九節）と述べられている。また、乞う者と何も持たない者たちの「明らかな権利である」（天の階段章二四節）と強調した表現もある。

この根底には、財産や糧は神から与えられるという認識がある。商売が成功して大きな富を築くこともできるが、神がそれを与えるにあたって、あらかじめ条件が付けられている。つまり、その財産の中に貧しい者たちの権利が埋め込まれているので、それを返納する義務がある。アラビア語のザカート（喜捨）には、「清め」の意味がある。払うべきものを払って、はじめて財産が浄化される。

それをせずに乞う者や貧者の取り分を自分の手元に置いていると、不当な行為となる。貧しい者の権利分を支払ってこそ、所有権が全面的に正当化されるのである。

かつてザカートを「救貧税」と訳すことがあったが、全く適訳ではない。そもそも、救貧税の制度は一六世紀頃からイギリスで始まったもので、近代的な概念を七世紀のアラビア半島にさかのぼって用いるのは不適切となる。それ以上に、ザカートは信仰行為で、税金ではないという考え方がある。

前近代ではザカートの徴収とその適切な分配は、国家の責務の一つであった。ところが、近現代にイスラーム王朝が衰退すると、国家がザカートを集めることは少なくなった。そうすると、各地でモスクや民間のイスラーム団体がザカートを徴収するようになった。さらに二〇世紀にイスラーム復興が生じると、いっそうザカートを集める運動が盛んとなった。その背景には「ザカートを払いたい」という信徒たちの強い欲求がある。信仰行為だからこそ、是非実践して、自分の財産を清めたいという気持ちになる。税金だとすると、「税金を納めさせてくれ」という要求や運動が生まれたことになるが、これはありえないであろう。

また、ザカートは所得税のようなものと勘違いされることがあるが、あくまで所有する財産の一部を差し出すもので、毎月の収入のように入っては出ていくものは対象とならない。それは日々の糧に属する。対象となるのは、一年間以上にわたって所有している財産である。しかも、生活のための必需品や糧は対象とならないので、どれほど豪華な家に住んでいても、それは対象外である。あるいは、非常に高収入であっても、それをみな自分と家族のために費やしてしまうとしたら、財産を所有したことにはならない。それぞれの生活水準の中で、日々の糧を超えるような財産を保有できるという「ゆとり」に関して、そのゆとりを持つ者は貧しい信徒に対して義務を負っていると考える。

かつては人びとの生業は、牧畜や農業が主であった。家畜の場合、種類によってザカートの率は異なる。ラクダ、牛や羊は成長するため、どの大きさの家畜を単位に数えるのかという問題もある。そこで、牛であれば、成牛三〇頭につき一歳牛一頭を差し出すというふうに決まっている。農作物の場合は、昔は貯蔵が容易でなかったため、収穫の段階でその五パーセント（灌漑をしなくてよい場合は一〇パーセント）と決められている。

商人や勤め人の場合は、収入は現金であるし、財産はたいていはお金に換算される。そのザカートは四〇分の一（二・五パーセント）と定められている。たとえば、イスラーム暦のある年の一月一日に百万円の貯金があったとする。一年後（イスラーム暦の一年は三五四日）に貯金が百五〇万円になっていたとする。そうすると、一年にわたって所有していたのは百万円（増えた分は一年未満なので対象外）なので、二万五千円がザカート分となる。

仮に百万円の貯金が増えないとすると、毎年ザカートを払うと、どんどん貯金が減っていく。五年後には八八万円ほどになってしまう。しかも、イスラームでは貯金をして利子（リバー）を得ることが禁じられており、減る一方である。「これは不合理では？」とエジプトで法学者に尋ねたことがある。

その答えは、「どんどん働いて、貯金を殖やせばいいでしょう。それに、貯め込んで使わずにいないで、投資するなり、有効に使う方がいいということです」というものであった。さらに、法学者は言う――「ザカートを払った分は罪を清めるのであり、来世での報奨が期待できるのだから、貯金は減ったのではなく、何倍ものお返しが来ると考えるべきなのです」。

知人たちに聞いてみると、ザカートをきちんと支払う満足感は大きい。逆に、払わないと負債感が生じることもある。ある友人の言葉によれば、「ぼくはラマダーンに毎年納めるけど、払うまでは首のまわりに義務感がからまっていて、ずっと気になる。払うとすっきりする」と言う。

ザカートは義務の喜捨であるのに対して、任意の喜捨もある。自発的に寄付する場合は「サダカ」と呼ばれる。この語は、語源の語感から言えば、誠実さや真心と結びついている。サダカは自由なので、出す人は自分の裁量で適宜出している。

カイロの商店でも、「乞う人」が店先に来ると、店番をしている店主がさっと引き出しから小銭を出して、人に見られないようさっと渡す光景をよく見かけた。一回ごとの金額はたいしたものではないが、回数が重なればそれなりの額になるに違いない。人目を避けるのは、善行を見せびらかさないという教えによる。

もちろん、すべての商店がそうするわけではないし、喜捨を出す店にしても、いつでも誰にでもというわけではないかもしれない。乞う者が来ても喜捨をしない時は、相手に対して「アッラーがあなたを助けてくださいますように」と言う。一見すると優しい言葉であるが、「私は喜捨をしません」の意味となっている。あるいは、神の加護を祈願する言葉だけのささやかな喜捨、というべきであろうか。

乞食にあげる場合は、サダカとしてあげることが多い。小銭を持ち合わせていないと出しにくい時があるが、喜捨が日常化しているイスラーム圏では心配はいらない。たとえば、一〇ポンド札しかない時

ムンバイの物乞いロード　遠くに見える聖者廟まで人びとが干潮時の道を歩いて行く。道端には延々と物乞いが並び、両替と喜捨の受け取りをしている。イスラームでは「施し手」たることを推奨するから、物乞いロードはその受け皿の役割を果たしている。

に、乞食に「九ポンド返してください」と求めると、ちゃんとおつりをくれる。

筆者が出会った両替の最も壮観な例は、インドのムンバイ（昔のボンベイ）でのことであった。ムンバイには少数派とはいえ多くのムスリムがいて、港のすぐ近くの海上の小島に聖者廟があり、ここが物乞いと喜捨の場として知られている。干潮時には島まで続く細い道があって、何百人もの物乞いが座っている。

参詣者は、最初の物乞いにそれなりの金額の紙幣を出してコインに両替してもらい、並んでいる一人一人の物乞いにコインを渡す。コインが尽きたら、またそこにいる物乞いに両替をしてもらい、廟まで喜捨をしながら歩くことができる。ある意味できわめて合理的な仕組みに、ただただ驚かされた。

男女の結びつき

الذكر والأنثى

アッ=ザカル・ワ・アル=ウンサー

＊

【男性と女性】

散歩中の夫婦（カイロ旧市街）　イスラームでは未婚の男女のデートにうるさい分だけ、夫婦のデートが盛んで、仲むつまじいカップルの姿もよく見られる。

国際ニュースを見ていると、最近は、結婚は異性同士でするものという常識が、あちこちで揺らいでいることがわかる。日本でも、同性でパートナー宣言をすることが話題となり始めたが、欧米では結婚そのものについて、男性同士、女性同士でもかまわないと認める国が増えてきている。それと比べると、日本はまだまだ保守的である。

欧米の動向から、これが世界的な潮流だと論じる人がいるが、それはどうであろうか。経済や政治の面では、欧米が「国際社会」や「世界」の中心であるように思えるが、文明や文化の観点からはそうとばかりは言えない。世界の国々の三分の一を占めるイスラーム圏でも、日本かそれ以上に、「結婚は異性愛に基づく」という原則を重視している。そう簡単に同性婚を認めるのがグローバルな基準になるとは、とうてい思われない。

アラビア語では結婚を「ザワージュ」という。直訳すれば、「対になること」である。夫を「ザウジュ（対の片側、男性形）」、妻を「ザウジャ（対の片側、女性形）」と呼ぶのは、それをよく示している。イスラームは男女を人間として平等とみなすが、その男女が結ばれて一対となるのが結婚である。

聖典であるクルアーンの教えでは、人間はそもそも男女として対に創られた──「汝らの主〔アッラー〕は、汝らを一つの自我として創造し、そこから対の片割れ〔ザウジャ〕を創造し、両者から多くの男性と女性が生み出された」（女性章一節）。諸民族もみな、男女の対を前提として生まれているとされる──「われ〔アッラー〕は汝らを男性と女性に創造し、汝らを諸民族と諸部族として互いに知り合うようにした」（部屋章一三節）。

イスラームは禁欲的な宗教ではないため、性欲を否定的に扱うことはない。大事なことは、性欲にしても他の欲望にしても、イスラームのルールに従って実践することである。セックスについては「結婚して、性の交わりを持ちなさい」というのが基本の教えとなる。

イスラーム社会は結婚をよいものとみなし、成人はできるならば誰でも結婚すればよい、という志向性を持っている。なぜなら、そのために人間は男女の対に創造されたのだから、と言う。言いかえれば、人間は創造の根源において男女が引きつけ合うようにできている。

その結果、異性に対する関心は、イスラーム社会では結婚への思いとして流し込まれるようになっている。近代化が進んでも、結婚する／しないは、個人の人生観による、というふうにはならないことが多い。

イスラームの教えでは、適切な男女がいればすぐに結婚させればよいのであるが、現代のイスラーム諸国の社会は意外に面倒なことになっている。同じ社会の中にいると、互いの親の地位や家柄、結婚式の規模・ランクなどが問題になり、本人同士が気に入るだけでは結婚できなくなる。

都市化、人口増に伴って、住宅難になっているため、新郎新婦が暮らす家・アパートが容易に見つからないという問題も生まれている。就職難は、結婚したい二人の生活設計を脅かす。昔は親の生業を継ぐことも多かったが、今では誰もが教育を受けて、就職口を探さないといけない。

イスラームの教えに関連する問題もある。特に批判の的となっているのは、男性が女性に差し出す婚資金（マフル）の高騰である。女性が受け取る婚資金が高額であると、それだけ社会的地位が高いとみなされる。この傾向は、現在のイスラーム圏にかなり広く見られる。近代化が進んで、社会的地位を見せびらかす範囲が広くなっていることも、問題が悪化する原因であろう。伝統的な社会では、週刊誌の「オメデトウ！ 今週の新郎新婦」欄に載せたり、披露宴の様子をネットで拡散させるというようなことも起きなかった。

外国人女性との結婚ではよりしがらみが少なく、婚資金も当人同士の合意が主で、一族の社会的な見栄は関係がない。そのため外国人との結婚が急増して大きな社会問題となったのが、一九八〇〜九〇年代の湾岸諸国であった。

七〇年代の石油ブームによって産油国が勃興し、豊かな社会が誕生すると、婚資金が高騰し、結婚式が過剰に華美となる傾向が生じた。これらのアラビア半島のアラブ君主国では、保守的な部族的ネットワークが生きており、部族の「格」も問題とされる。若者たちはそれを嫌い、他のアラブ諸国などの女性と結婚する傾向が生じた。

湾岸の産油国は自国民人口の百%がイスラームであり、ムスリムの女性と結婚する必要があるが、アラブ諸国出身の女性はほとんどがムスリムであるし、そうでない場合もその女性がイスラームに入信すれば問題はない。たとえばエジプト女性と結婚する場合はアラビア語が通じるし、考え方も産油国の女性よりもリベラルである。

アラブ首長国連邦の場合、一時は新婦の半数以上が外国人という事態まで生じた。これには政府もあわてふためいた。一つには、国際結婚があまりに増えると、国民のアイデンティティが崩れ、妻がイスラームとはいえ非アラブ人だと子弟の国語教育も困難になるという問題がある。もう一つの深刻な問題は、自国の女性たちの結婚難である。男性たちが自由に外国の女性と結婚しても、女性たちが同じように自由に外国人と知り合い、結婚するというわけにはいかない。保守的な親たちは息子には許しても、娘が外国人と結婚することを喜ばない。となると、結婚相手のいない適齢期の女性が増加して、大きな社会問題となる。

政府はこれに対処するために、「結婚基金」を創設し、自国人同士の結婚を奨励するとともに、婚資金や華美な結婚式の抑制などの政策をとった。また、婚資金、住宅資金の足りない人たちに助成金を支給した。若者たちの結婚難は、いずれのイスラーム諸国でも社会的問題であるだけではなく、結婚を奨励するイスラームの根幹に関わる宗教的問題と理解される。アラブ首長国連邦の結婚基金が成功すると共に、アラブ各国で「結婚基金」「結婚奨励協会」などが次々と作られるようになった。

その中で、ヨルダンなどで始められ、各国に広がったのが「集団結婚式」である。イスラームの教えでは、結婚を社会に公示するのが結婚披露宴の本来の役割であって、華美な式で自分たちの社会的ステータスを見せびらかすことが目的ではない。そこで、同じ頃に結婚する人びとが一緒に結婚式をして、費用を軽減するというのがその趣旨であった。

しかも、これを提唱し始めたのは、富裕層に属するイスラーム復興の運動家であった。富裕な人物がこれを提唱したのは、本旨はイスラームの教えに沿うことで、経済的な節約ではないことを示すためであったという。考えてみれば、経済的にゆとりのない若者が集団で結婚すれば、「お金がないからだ」と否定的な印象をもたれてしまう。ところが、イスラームの教えが大事と主張して、貧富の差に関係なく集団でおこなえば、「お金がない」のが理由とは誰も思わない。

ある意味でこれは、「豊かなムスリムは貧しい同胞を助けるべき」という教えを、富裕な人びとが率先して実践したのである。喜捨をするだけが慈善ではないというユニークな事例となっている。

ところで、イスラームは男女が結婚を通して「対」として結びつくのを自然の道とする以上、同性愛

巡礼地をゆく夫婦（マッカ近郊のミナー）　聖地マッカへの巡礼者は、イスラーム暦12月に世界中から4〜500万人も集まる。イスラームでは女性の一人旅を好まないので、夫婦や家族で巡礼する人が非常に多い。衣服の白は人間の平等を象徴している。

については否定的にならざるをえない。要するに、イスラームは異性愛を称揚するあまり、同性愛については反対の立場を取っている。このことはよく知られているが、性同一性障害に関わる性転換については、どのような立場を取っているのであろうか。

どうやら、身体と魂の実在を前提とするイスラームでは、身体の外的な性と魂の性がズレることもありうると考えるようである。人間が男女に創造されたといっても、被造物は無限であり、例外的な状態が生じることは十分ありうる。その場合は、医学的にズレを解消することが認められる。

実際、日本でも性転換の先駆者とされる人は、かつてモロッコで手術を受けた。モロッコは言うまでもなく、北アフリカ西端に位置する伝統豊かなイスラーム王国である。

子づくり力

التكاثر في الأولاد

アッ=タカースル・フィー・アル=アウラード

＊

【子どもを増やすこと】

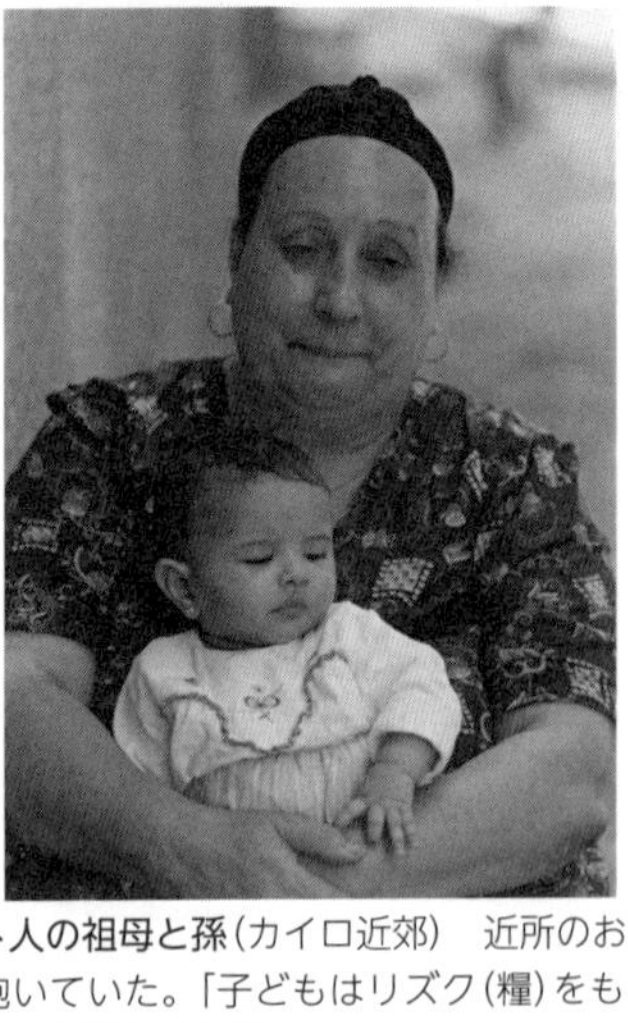

エジプト人の祖母と孫（カイロ近郊）　近所のおばさんが孫を抱いていた。「子どもはリズク（糧）をもってやってくる」と嬉しそうだ。

ある昼下がりに、カイロ郊外の家に昼食に招かれた。その家は細長い五階建てのビルの最上階にある。暑い日だったので、エレベーターのない建物の階段を汗をふきふき登る。

なじみの友人アフマド氏夫妻とその三人の子どもたちが歓迎してくれる。そのうち、夫君の妹一家も招かれて二階からあがってきた。ビル全体が一族の住まいとなっているのである。そちらの子どもたちは四人。エジプトらしく、食事が始まると「もっと食べてください」の攻勢が続く。

料理はおいしい。とはいえ、食事ともてなしが大好きなエジプト人が喜ぶほどたくさん食べるのは、日本人にはなかなか大変である。たらふくいただいているのに、「全然食べてないでしょ」と言われるから、「いただいてますよ。マフシー（詰め物料理）も絶品だし、チキンもおいしいです」と答えると、「じゃあ、もう一個ずつ」と皿に分けてくれる。

その間、七人の子どもたちもわいわい言いながら食べている。一番小さな子は母親の膝に乗っているが、幼稚園児と小学生たちはおしゃべりしたり、ケンカしたり、実に騒がしい。エジプトの育児は割合とあまやかしなので、子どもたちは楽しそうに騒ぎまくる。日本からの客が珍しく、興奮しているせいもあるかもしれない。

両方の夫婦とも共働きなので、子どもの世話が大変だろうと思う。そう言うと、「そうそう、大変よ。母親の仕事は二四時間だから」と両方の女性が応答する。その言い方は元気にあふれていて、自信に満ちている。

「そうは言っても、昔のようには子だくさんじゃないからね」とわが友人のアフマド氏。その妻が、「シット・アズィーザなんか、すごかったものね」と答える。

シット・アズィーザのことは私もよく知っている。もう亡くなったが、共通の友人の祖母である。その夫のアブドゥルワッハーブ師は白ヒゲが美しい温厚そうな老師であった。この二人は生涯に二四人の子どもをもうけたという。残念ながら、生き残って大人になったのは六人だけであった。

「シット・アズィーザに比べれば」と、アフマド氏の妹ルトフィーヤさんが応じて、「私たちの三人、四人はたいしたことがないわよ」と言う。それから、エジプトでも出生率が下がってきたという話題がひとしきり続いた。下がっても、この子だくさんである。

エジプトを訪れるたびに、空港からカイロの町中に入ると、人が多いと感じる。子どもの姿も多い。飛行機が真夜中に着いた時でも、町には人影が多い。子どもの人影さえ見かけるので、「この真夜中に何をしているのだろう」と疑問を感じる。

かつてカイロの下町に住んでいた時は、夜通し人通りが絶えず、建物の二階に住んでいたため家の中まで外の騒音が絶えないのに閉口した。そこで「八時間ずつ、三交替で皆が街を満たしているに違いない」というジョークを作って、エジプト人の友人に披露していたことを思い出す。

二〇一一年に「アラブの春」と呼ばれる民主化運動があちこちで起きた。エジプトでも、カイロの中心にあるタフリール広場に何十万人という群衆が集まり、三〇年にわたる独裁への抗議の声をあげた。広場の名前の「タフリール（解放）」とは、かつてのイギリス支配からの解放を意味するが、人びとは独裁からの解放の意味に変えたように見えた。日本でも民主化デモの様子は放映され、視聴者は抗議する民衆の数に驚いた。確かに、その数は「こんなにも多くの人が独裁に怒っている」というメッセージを伝えた。しかし、その背景にはそもそも人口が多く、特に若い人びとの数が多いという実態がある。

私が留学生としてエジプトの地を最初に踏んだ四〇年ほど前でも、子どもの多い国だと感じた。いや、多いだけではない。誰もが子ども好きで、自分の子どもだけではなく、皆で子どもを可愛がるという強い印象を受けた。昨今の日本は少子高齢化が大きな問題となっているが、私の若い頃でも日本ではすでに、社会全体が子どもが好きとか、子だくさんは楽しいという雰囲気は薄れていた。

そのような日本から訪れると、子どもがそこらじゅうにいて当たり前というエジプト社会が不思議に思えたし、今もそう思える。通りに出れば、小さい子を連れた女性たちもたくさん歩いている。エジプト女性は赤子を抱くか、肩に載せる。背におぶることはない。恰幅のいい母親が赤ちゃんを片方の肩にまたがらせて、片手でその子が落ちないように押さえて歩いている姿は壮観である。

それを見ていると、子どもの両親も社会全体も、「子どもを育む力を持っている」と感じられる。それは彼らにとっては当たり前すぎて、特別の言葉がないので、ここであえて「子づくり力」と名付けてみたい。それは、単に個々人が自分の子どもをほしいと思うことが積み重なってできているのではない。子どもが次々と生まれ、社会全体が子どもたちをかわいいと思っていくのには、それを支える価値観が必要である。そこに、イスラームが深く関わっている。

現在のイスラーム世界は明らかに子だくさんで、人口が増加している。そう言うと、それは経済発展の途上だからではないか、という指摘がなされそうである。一般に、経済水準が低く、衛生環境や子どもの医療制度などが整っていない場合は、どの社会でも多産多死がふつうとなる。シット・アズィーザの時代がそうであった。ところが、乳幼児の死亡率が下がってくると、それほど子どもを生む必要がなくなり、出生率も下がる——ということになっているが、近年の研究ではイスラーム諸国では、死亡率の低下に対して出生率の下がり方が他の諸国よりも緩慢と報告されている。つまり、子どもがそれほど減らず、人口が増え続ける。その傾向が二一世紀半ばまでずっと続くという。

エジプトでも、いわゆる家族計画が長らく実施されてきた。夫婦と男女の子ども二人を描いた広報の巨大なポスターがあちこちに貼られ、「よりよき明日のために」と書かれていたのをよく目にした。つまり、子だくさんでない方が豊かな暮らしができる、というメッセージである。

ある日、アフマド氏と歩いていると、そのポスターの前を通りかかった。「これを見てごらん」と彼が言う。「政府は子どもは二人がいいと言っているつもりだよ。でも、みんなこれを見て、やっぱり、男の子と女の子と両方ほしいねって思うんだ」。

エジプトの人口は、私が最初に行った時から数えて三五年の間に倍の八千万人に増えた。どうも政府の家族計画は成功したようには思えない。アフマド氏の観察に軍配があがりそうである。ウラマーたちは強制的な産児制限には反対であったから、国民の選択にまかせると、いくら「よりよき明日」を広報しても限界があったかもしれない。

子づくり力の原点には生命の尊重があり、そのさらに原点には強烈な自己肯定の考え方が働いているように思う。イスラームは運命論とよく言われるが、運命論だとしてもそれは自己否定ではない。この世のすべては神によってあらかじめ定められているという考え方を「定命（カダル、定められた運命）」と呼ぶが、神が人生を定めるということは、人それぞれの存在は神の意志ということを意味する。

「神が望みたもうたことは存在し、望みたまわなかったことは存在しない」という表現があるが、それによれば、ここにいる「私」は神が望んだからこそ存在している。日本では、人生に希望を失ったり人生の意義を見失うと、「自分は生まれてこない方がよかった」という気持ちになることがある。イスラーム世界では、このように神の意志を否定することはない。神が望んだ以上、生まれてきた方がよかった、あるいはそれ以外の選択肢はないに決まっているからである。

思い返してみると、イスラーム圏は自殺もほとんどない。たとえばエジプトの場合、人口千人につき男性の自殺者が〇・一人、女性はそれ以上に少なく四捨五入するとゼロというような数字が出てくる。近年の日本では、人口千人につき二〇〜二五人といった水準で推移している。

イスラーム圏の生活水準の低さ、貧困や生活苦を思えば、不思議であろう。しかし、そうした苦しみがあっても、人生の根底に自己肯定があり、それが自分や子どもたちの生命の肯定につながり、生活が大変でも当たり前のこととして生きていけるとすれば、自殺を思いつくこともないのではないかと考えざるをえない。そう見てみると、自らの存在や生命を肯定することが、結果として子づくり力につながっていることが感じ取れる。

イスラーム学校の少女たち（インドネシア）　寄宿制のイスラーム学校は東南アジアの特徴であり、この地域のイスラーム社会の基盤となっている。生徒たちは毎日クルアーンを学ぶ。誰もが元気がいいが、ケンカもするし勉強の競争もある。

イスラーム民主主義

الديمقراطيّة الإسلاميّة

アッ=ディームクラーティーヤ・アル=イスラーミーヤ

＊

【イスラーム民主主義】

ミナのテント村（マッカ近郊）　聖地に巡礼に集まった人びとは、たとえ500万人いても秩序正しい。イスラームの根幹には、国境を越える共通認識がある。

「こんなの、民主主義じゃない！」と、雑貨屋のバハガトさんが怒っていた。まだエジプトをサーダート（サダト）大統領が支配していた時期のことである。大統領が国内の批判に耐えきれず、野党の政治家から宗教者まで、自分に反対する指導者をこぞって投獄してしまった。

「民主主義」という言葉を流行らせたのはサーダート大統領自身であったから、バハガトさんの怒りもわかる。政治の自由化を進めてから、自分に都合が悪くなると独裁に戻るのでは、誰でも怒る。

その前のナセル政権の時代は、一九五〇～六〇年代のアラブ民族主義が盛んな頃で、「民主主義」はまだ一般的ではなかった。大統領選挙と言っても、現職のナセル大統領が国会に推薦され、いつも九九％の信任投票を得ていた。しかし、その頃の人びとは、独裁に怒るよりも「民族の解放」に必死だった。アラブ諸国にもまだ西洋列強の植民地あるいは保護国がたくさんあり、独立と自由こそが課題であった。この場合の自由は、外国に支配されない自由を意味する。

ナセル急死の後を継いだサーダート大統領は、独裁をやめるとアピールして、一党独裁から複数政党の設立へ、アラブ社会主義から門戸開放経済政策へと舵を切った。民主主義を意味する「ディームクラーティーヤ」の語もしきりと強調した。この語は「デモクラシー」を音訳したもので、輸入された外来語である。

アラビア語では外来語は、民衆に受容されるとは限らない。コンピュータのような利便なものはいいとしても、世界観や人間観に関わる言葉はイスラーム的な文化伝統から乖離すると、人びとにすんなり受け入れられないこともある。民主主義は、その例外である。バハガトさんも「ディームクラーティーヤ」を連発するようになった。

それと一緒に、同じような外来語として「独裁（ディークタトゥーリーヤ）」も広まった。これも英語の「ディクテーター（独裁者）」に由来する外来語である。サーダート大統領が一九八一年に暗殺された後に三〇年にわたる独裁体制を敷いたムバーラク大統領も、「独裁」として大いに批判され、とうとう「アラブの春」（二〇一一年）の革命で倒されてしまった。

この二つの言葉が民衆に受け入れられたのは、なぜだろうか。おそらく、新しい概念として受容されたということではない。民衆は民主的な政治をずっと前から求めていた。それを表現する時に「民主主義」は使わなくても、言いたいことも不満もあった。

「統治者はいつでも自分勝手だ」「金持ちは裏でやりたい放題」「ひどい目にあうのは、いつでも我われ庶民よ」ということは、私がカイロに暮らしていた七〇年代にもよく耳にした。キータームは、「ズルム（不義）」であった。不義を受けている自分たちを、受身形で「マズルーム」と呼ぶことも多かった。イスラームの政治論は正義と公正を重視するが、実際に人びとが自覚できるのは、理念の上での正義ではなく、正義の欠如としての不義である。不義の原因がどこにあるかを具体的に指摘できなくても、自分たちの苦しみが不当なものであるという思いは、多くの人たちが持っていた。

七〇年代はイスラーム復興が顕在化したため、不義や抑圧に焦点を当てたイスラーム的な表現も用いられるようになった。レバノンで設立された「奪われた者たちの運動」、イラン・イスラーム革命でスローガンとなった「被抑圧者たちの革命」などは、その典型と言える。

日本語訳の「被抑圧者」は硬い表現に聞こえるが、クルアーンの「ムスタドゥアフ」（イランではペルシア語で「ムスタザフ」と発音）には、「強者に押さえつけられている人」「ひどい目にあっている人」のニュアンスがある。

このような不義や抑圧に腹を立てている民衆が、西洋起源の「民主主義」という言葉についてはすんなりと受け取った。「民の声を聞け！」という気持ちと一致したからである。統治者や社会的な強者が自分勝手をやめて、少しは皆の言うことを聞くのであれば賛成、と庶民は思った。バハガトさんの民主主義とは、そういうものである。

当然ながら、アラビア語に外来語の「ディームクラーティィーヤ」が定着したからといって、西洋的な民主主義の概念を誰もが理解したわけでもないし、それにすべて賛成したわけでもない。最大の問題は、宗教の教えが必ずしも民主主義になじまないという点にある。

西洋的な民主主義はふつうは政教分離を前提として、宗教を政治から排除し、信教はあくまで個人的な内面の事柄とする。これはもともと、西洋では政治と宗教が別々なものであった歴史的な経緯に基づいている。キリスト教はローマ帝国に広がったが、あくまで宗教として広がり、政治制度には関与しなかった。中世にはキリスト教会が政治に介入したが、その時でも政治と宗教は別の存在であった。

これに対してイスラームの場合は、七世紀の誕生以来ずっと、政治も宗教も経済もすべてクルアーンの教えで律することができるという考え方が基調であった。実際の社会がクルアーンの教えと乖離することはあったが、そうした場合は「社会改革が必要だ！」と論じて、聖典に対する信頼を失うことはなかった。現代に入っても、この考え方は続いている。

だからこそ、民主主義もクルアーンに立脚する方がよいという主張が説得性を持っている。その主張では、クルアーンの「シューラー（協議）」の原則が大事という。ムスリムたちは何事につけ、互いに協議をして物事を決める。それがイスラームにおける民主主義の基盤とされる。「シューラー」とアラビア語化した「民主主義」を合体させて、「シューラークラーティィーヤ」という造語を提唱する思想家もいる。「シューラー民主主義」と訳してもよいが、要するにイスラーム的な民主主義である。イラン革命（一九七九年）の後のイラン国会も「シューラー議会」という名である。確かに、クルアーンに立脚した用語を用いると多くのムスリムを納得させる効果がある。ただ、少し困ったこともある。それはクルアーンの用語が一四世紀間にわたって使われてきたため、語義や用法に幅があることである。「シューラー」については、前近代の法学的な議論では、クルアーンの「彼らの間の事柄はシューラーによる」（シューラー章三八節）に基づき、統治者は法学者と話し合いをすべきであるとしていた。絶対的義務ではないため、カリフなりスルタンの称号を持つ君主が法学者や社会的な指導者の意見を徴することが推奨されたが、最終的にどのような決定を下すかは統治者の専権事項とされていた。

サウディアラビアはおおむね、このような原理に立脚して建国された。一八世紀から三度にわたる建国運動があり、それが実ってようやく王国を宣言したのは一九三二年であった。ちなみに同国内では、国際的な宣言をした三二年ではなく、第三次の運動がスタートした一九〇二年を建国の年としている。太陰暦（イスラーム暦）では一年が太陽暦より短いため、一九九九年には建国百周年を祝った。

この王国では、国王がクルアーンに基づく「協議」として、重要事については何かと法学者たちの見解を聞いてきた。しかし、決定はあくまで国王が下す。

とはいえ、社会の近代化が進み、国王が法学者に会っても国民に見えないのでは批判が出るようになった。そこで、一九九二年には「シューラー評議会」が設けられ、いろいろな議論がなされるようになった。今までは非公開だった「協議」が外部からも見えるようになったわけである。しかし、この評議

マレーシア国立モスクで説教するウラマー（クアラルンプール）　マレーシアはイスラームと民主主義を両立させる道を探ってきた。国内の宗教共存にも成功しているが、そのためには経済発展でパイの分配を図ることも重要である。

会の議員は勅選である上、シューラー評議会には立法権はない。つまり、統治者は協議の結果にあいかわらず拘束されず、いわゆる民主主義にはあたらない。

これは、古い形のシューラーと言える。近年は、シューラーは統治者の義務であり、統治者は協議をしたらその結果を尊重しなければならない、という見解が強くなってきた。さらに、協議をする専門家たちを国民が投票で選出すべきである、という考えが強まっている。ここまで来ると、選挙によって立法議会を選出するということであり、全面的なイスラーム民主主義となる。

日本の事例を含めて、民主主義にはいろいろな型があり、それぞれの社会に合わせて運用されている。イスラーム的な民主主義もこれからが本番と期待したい。

女性とヴェール

المرأة والحجاب

アル=マルア・ワ・アル=ヒジャーブ

＊

【女性とヴェール】

ショーウィンドウのヴェール（ダマスカス）　イスラーム復興とともに、ヴェールは女性のファッションの一部となった。色や形、被り方もいろいろである。

「どうして、こんなヒジャーブを頭に巻いているかですって?」と、店の女性店員は聞き返した。カイロのショッピングモールで、ヒジャーブ（頭を覆う布）を何重にも巻いている若い店員に、その理由を問うた時のことである。彼女は満面に笑みを浮かべ、「小顔に見えるからよ。いいでしょ」と答えた。

こんもりと盛り上がるほど何重にも巻いたヒジャーブが珍しく思えて尋ねたのであるが、周りをよく見ると、そのようなファッションがあふれている。これは二〇〇〇年代に入ってからの光景である。

一九七〇年代までのエジプトでは、髪を出している女性も多かった。六〇年代はアラブ社会主義の時代であったし、「モダンな働く女性は昔風のヒジャーブはしない」という雰囲気もあった。イスラーム復興も始まったばかりで、髪を隠しているのは年配の女性か、地方出身で伝統的な身なりの女性か、イスラーム意識に目覚めた女性活動家などに限られていた。

ところが八〇年代から九〇年代には、髪を隠している女性が大半になり、その頃からファッションとしてのヒジャーブも流行り始めた。そうなると、イスラームの教えかどうかにかかわらず、皆がよい身だしなみとしてつけているから自分もつけるという女性たちがヒジャーブを広めた。

「よい身だしなみ」は、外見のイメージであろう。たとえば、欧米に留学した女性が帰国する。髪を出していると、欧米かぶれとみなされ、欧米が自由恋愛であることは誰もが知っているので、そんな国に暮らして倫理的にも堕落したのではないかと疑われる。ところが、肌が出ない服装をして、髪もしっかり隠していると「品行がよい上に欧米で学位を取ってきた立派な女性」という評価になる。そのような雰囲気が感じられた。

イスラームの教えでは「皆がしているから自分もする、というような付和雷同ではダメ、宗教的な自覚を持ちなさい」とは言わない。むしろ、皆がすることで社会的な標準が確立されるほうがよいと考える。人間は弱いから、教えに背いてしまう人もいる。そうであれば、教えを自分から守る人だけではなく、他人が守っているから自分もやるという人が増えれば、道からそれる誘惑が減ずると考える。

欧米や日本では、ヒジャーブで髪を隠すことや肌を見せない服装をすることは、女性の自由を制約するものとみなされる。その場合、ヒジャーブは男女差別に起因するものであり、女性の抑圧の象徴ということになる。

イスラーム圏にも西洋的価値を求める女性がおり、彼らがこのような欧米流の解釈に同調することもある。エジプトでも、社会の近代化が重視された時代には西洋風な服装をすることがモダンで格好いいと思われていた。そのような女性たちは髪を隠す場合でも、モダンなファッションを着こなすことを好んだ。ところが、イスラーム復興が進むと共に、自由をめぐる議論が変化し始めた。ヒジャーブを被る方が宗教的に好ましく、品がよいと主張する人びとが「ヒジャーブを被る自由もある」と主張するようになったのである。

この場合、自由をめぐって二つの考え方がある。一つは、近代的な自由とは服装についても本人次第で、何を着るのも自由だと考える。肌を出すのも出さないのも、個人の自由ではないか、と言う。西欧諸国にイスラーム国から移民した人びとは、八〇～九〇年代にこのような主張をしきりにした。

ところが、フランスで二〇〇四年にいわゆる「ヒジャーブ禁止法」が制定されると、西欧で言う「服装の自由」とは「本人が好むように何を着てもよい」ということではないことがあらわとなった。この法律は、建て前上は「公共の場でこれみよがしな宗教的シンボルを見せる」ことを禁止しているが、小さなユダヤ帽や十字架のネックレスは「これみよがし」には当たらず、実際にはヒジャーブが標的とされた。この法律によれば、ヒジャーブは公益に反し、公共の場にふさわしくない。

フランスの場合は徹底した政教分離が前提なので、このような法律を制定した。それと比べると、イギリスでは文化の多元主義を掲げてきたため、ヒジャーブを禁止することはない。しかし、九〇年代以降に西欧各国で右翼政党が移民排斥を訴えている背景には、ヒジャーブなどによって国内の「移民」が可視的となったことがあり、移民への敵意からヒジャーブ姿の女性を攻撃する事件が起きている。

このような背景からイスラーム側で、もう一つの「服装の自由」論が生まれた。それは、西洋的な自由とは「肌を出す自由」であって、出さない自由はないのだ、という認識である。そうであれば、西欧にはイスラーム文化を主張する自由はないことになる。したがって「肌を隠す自由」を守ろうとすれば、それは自分たちの文化を守る闘いとなる。日本では「どちらにしても本人の選択の自由ではないか」という考えが受け入れられそうであるが、西洋とイスラーム世界の文化摩擦の中では、二つの自由が対立するようになったのである。

ヒジャーブの問題は、いわゆる「女性隔離」と結びついている。イスラーム社会では女性をハレムなどに隔離し、社会から遠ざけている、というイメージは今でも欧米に残っている。しかし、これは歴史的に存在したとしても、都市の上流階級だけのことであった。イスラーム世界の歴史的な現実を見れば、ムスリムの大半を占める農民、遊牧民は男女ともに働いており、女性の隔離もなければ過剰なヒジャーブの強調もなかったと考えられる。

そもそも「女性隔離」という表現には男性の視線が感じられる。実際にあるのは男女分離で、女性が社会から隔離されているのではなく、女性には女性の社会がある。男性の私がそれを露骨に感じるのは、結婚式に呼ばれた時である。イスラーム圏でも西洋風の結婚式ならば日本と同じように男女が参集するが、イスラーム風の結婚式では男女は別会場になっており、男性客は花婿しか見られない。女性たちが大勢集まって花嫁と騒いでいるのはわかるが、そこに男性客が顔を出すことはできないのである。子どもたちは女性たちと一緒にいるので、人数は女性側の方がずっと多いに違いない。

現在のエジプトやマレーシアでは、官庁や企業ではほとんど男女分離をしていない。これは、西洋的近代化を早くから進めたためであろう。しかし、女性がきちんとした服装をしてヒジャーブをしている限り、公共の場では問題はないという見解が強い。

それに対して、近年になって近代化が進んでいる湾岸諸国では、男女分離がより厳格になされている。生活習慣を西洋化しなくても、近代化を進めるだけの石油収入があるという事情もある。そして近代化の結果、女性の起業家やビジネスマンが増加しているため、女性社会の拡張が起きている。それをよく示すのがいわゆる「女性銀行」であろう。そこでは顧客も女性だけ、行内で働いているのも女性だけという銀行支店が設置されている。

さらに豊かな産油国の場合、一見保守的に見える女性の伝統的服装が当該国の国民としてのステータス・シンボルの意味も持つ。湾岸のアラブ諸国でも、東南アジアのブルネイ・ダルサラームでも、彼女たちの服装は「出稼ぎ」の外国人との差異を含意している。

いずれのパターンにしても、近代社会が発展する中で女性たちは自分たちの付加価値を高める努力をしているように見える。かつては近代化＝西洋化で、ヒジャーブを捨てることが「進んだ近代人」としての価値につながった。ところが、近代化が進み、高等教育が発展した今日、女性たちの教育水準や職

電車の中の女性（カイロの地下鉄）　女性専用の車両は、通勤・通学の女性にとって安心できる空間となっている。中央の女性は、携帯用の小さなクルアーンを出して、この空き時間を利用して、小声で読誦の練習をしている。

業的な能力も上がり、イスラーム的服装によって能力と品性を主張する道が拓けた。

かつての伝統的な社会では、ムスリム女性たちは「イスラームの教えだから」「肌を出すことが禁じられているから」とヒジャーブをしていた。今日では、近代化した女性たちが「肌を見せない自由を守るために闘う」というような主張をする。ここには、明らかに論点の転換がある。

現代のムスリム女性たちは実は、自分たちの「性的魅力」に非常に敏感である。「他の男性には見せない」ことを言いかえると、結婚相手にだけ見せ、夫に対して性的魅力を最大限発揮することを含意している。二一世紀のヒジャーブは、西洋的な「見せる自由」のグローバル化に対抗して、イスラーム的な女性の魅力を守る抵抗戦略としての意味を持っている。

ジハードと過激派

الجهاد والمتطرّفون

アル=ジハード・ワ・アル=ムタタッリフーン

＊

【ジハードと過激派】

アルジャジーラ放送(カタルの首都ドーハ)　このニュース専門のアラビア語衛星テレビは、欧米諸国による情報の独占を打ち破り、最新の現地取材でイスラーム世界からの情報発信に大きな貢献をしている。

二〇〇一年九月一一日、ニューヨークにある世界貿易センタービル（ツイン・タワー）にイスラーム過激派が乗っ取った航空機が突入した。一機によって片方のビルが破壊されると同時に、もう一機が残るビルに激突し、ツイン・タワーはもろくも崩れ落ちていった。私も多くの人びとと同様に、緊急速報の映像を直後に見て、衝撃を受けた。ニューヨークという世界の経済的首都で、自由貿易を象徴するビルが崩壊していく映像は、あたかも近代文明の黄昏を暗示するかのように恐ろしいものであった。

九・一一事件は、国際関係にも大きな影響を与えた。史上初めて本土攻撃にあった米国は怒りを爆発させ、当時のジョージ・ブッシュ大統領（ジュニア）は「テロとの戦い」を宣言した。これ以降「テロ対反テロ」の軍事的な対立が世界を巻き込んだ。ブッシュ大統領は当初、反テロ戦争を現代の「十字軍」と述べた。後に取り消したものの、思わず本音が顔をのぞかせたようであった。

「十字軍」という言葉は、きわめて象徴的である。その二〇年前に、父親のジョージ・ブッシュ大統領が湾岸戦争を遂行した時、それに反対するアラブ諸国のイスラーム派が米軍を「現代の十字軍」と激しく批判したことが思い起こされる。

その時は、イラクが隣国クウェートを占領・併合し、それに米国を中心とする多国籍軍が対抗した。一九九一年の湾岸戦争で、二か月たらずでイラク軍はクウェートから駆逐された。多国籍軍には欧米のみならず、反イラク陣営のアラブ諸国の軍も加わった。そのため、それに反対するイスラーム派は「十字軍ではあるが、かつてとは違い、ムスリム軍までが加わっている」と嘆いた。

湾岸戦争と反テロ戦争は性質が異なるが、二代にわたるブッシュ政権の戦争に「十字軍」のイメージが関わった点は興味深い。ただし、十字軍以来のキリスト教とイスラームの戦いが続いている、という話ではない。中東での何千年にわたる宗教対立といった説が時折聞かれるが、そのような説には賛成しがたい。今日の中東の紛争や戦乱はいずれも、直接的な起源はせいぜい二世紀しかさかのぼらない。

したがって「十字軍」は、あくまで歴史認識やイメージの問題である。ブッシュ大統領が「これは十字軍だ」と言ったのは、「悔い改めたクリスチャン」を自認する政治家が述べたイメージであって、歴史の中の十字軍の再来ではありえない。湾岸戦争をイスラーム派が「現代の十字軍ではないか」と批判したのも、宣伝のためのイメージ作りであろう。とはいえ、イスラーム世界とキリスト教世界の間の対立が十字軍に端を発し、そのイメージがその後の歴史認識の中で継承されていることも確かである。

イスラームは七世紀に登場し、ビザンツ帝国の版図の大半を自らのものとした。しかし、この時にすぐに深刻な対立が始まったわけではない。当時のビザンツ帝国は斜陽期にあり、むしろイスラーム国家と宥和していく路線を選んだ。十字軍までの四世紀半は、戦うにしても双方が正々堂々という時代であった。ところが、第一回十字軍（一〇九六〜九年）は西欧から聖地まで長征し、住民の虐殺などを引き起こしたから、キリスト教世界のイメージは失墜した。聖地でキリスト教徒をも大量に殺害したことは、時代背景を考えても許されない野蛮な行為であった。

そこから騎士道の戦いが回復するのは、一世紀後であった。イスラーム側に英雄サラーフッディーン（西欧で言うサラディン）が登場し、イギリスのリチャード獅子心王と正々堂々の戦いを展開し、互いに騎士の鑑であることを示した。イスラーム側も聖地エルサレムを回復し、余裕を取り戻した。

後の時代には、イスラーム側ではオスマン朝が登場し、コンスタンチノープルを攻略して自らの都イスタンブルとした。ビザンツ帝国はこの時に滅亡した（一四五三年）。キリスト教世界にとって、イスラーム側の軍事的脅威はその後も高まっていく。第一次ウィーン包囲（一五二九年）で、それは最高潮に達した。当時のウィーンは中欧の首府にあたり、これが陥落すれば西欧も危機に陥るところであった。ようやくオスマン軍の包囲が終わり、彼らの三日月旗が消えたことを祝って、ウィーンの市民が三日月形のパン（クロワッサン）を焼いたのも納得がいく。

一七世紀以降は、西欧列強がイスラーム世界に脅威を与えていくことになる。植民地主義の時代が始まり、イスラームの地は次々と列強の支配下に入ることになった。植民地支配へのレジスタンスや独立闘争では、近代的なナショナリズムが優勢となった。しかし、二〇世紀後半になって世界的に宗教復興が起き、イスラーム世界でもイスラームが再び大きく姿を現した。

そして湾岸戦争が起き、九・一一事件が起き、イラク戦争が起きる。十字軍の暴虐、オスマン朝時代のイスラームの脅威、植民地時代の西欧列強の侵略などのイメージが、今さらながら再生されてくる。その中には、無意識のイメージもあるし、意図的な宣伝戦もある。

九・一一事件を遂行した過激派の組織は「ジハードの基地」略して「アルカイダ（基地）」という。創設者のウサーマ・ビン・ラーディンはサウディアラビア生まれの活動家で、八〇年代にはアフガニスタンで反ソ闘争に参加していた。これは、七九年にソ連軍がアフガニスタンに侵攻したため、アフガン人がイスラーム・ゲリラを組織したものである。ビン・ラーディンらはそれに連帯して、アラブ義勇兵を送り込んでいた。欧米からのゲリラ支援もあって、ソ連軍は持ちこたえられずに八九年に撤退した。

ところが、湾岸戦争で「現代の十字軍」が祖国に進駐したとして、ビン・ラーディンらは反米闘争に転じた。一〇年後に、それはついに九・一一事件に及ぶ。その後の米国は一〇年に及ぶ反テロ戦争の末、二〇一一年五月にビン・ラーディンをパキスタン内の潜伏先で海軍特殊部隊によって殺害することに成功した。この時のオバマ政権は、これを「テロに対する大きな勝利」と、自らの手柄とした。

九・一一事件の後、過激派をなくするためにはどうするべきか、という議論はイスラーム世界の中でも起きた。各国の政府は治安強化を主張する一方、米国の反テロ戦争がかえって敵意をあおることを懸念した。穏健派のイスラーム知識人の見方は、穏健な潮流を強化すべきであるし、米国も武力の行使を抑制すべきという点でおおむね一致していた。

「反テロ戦争」は軍事力の行使を軸とする。過激派は武装闘争派であるから、軍事力による対決は望むところであろう。穏健派は対話や協調を重視するが、軍事の時代には非常に活躍しにくい。その結果、ビン・ラーディンは姿を消しても、イスラーム世界の各地に「アルカイダ」のブランドを用いる地方組織がいくつも生まれた。その一派が「イスラーム国」と名乗ることにもなった。

過激派が生まれる温床は、いろいろとある。世界の各地で見られる貧困、あるいはそれ以上にグローバル化で深刻化している貧富の差は、大きな要因である。青年層の高い失業率は、明らかに過激派を助長する。独裁政権による国民の声の圧殺、利権と腐敗なども、人びとを過激な主張に引きつける。民主的な政治が生きているところでは穏健なイスラーム勢力が伸びるが、独裁であれば若者が武装闘争に魅力を感じることもありうる。

では、なぜイスラーム世界にこのような過激派が多く生まれるのであろうか。一つはっきりしていることは、イスラームが現代的な宗教として政治にまで及ぶ力を持ち、過激派さえもそれを使おうとすることであろう。人びとは、穏健派であれ過激派であれ、イスラームと名の付く主張に耳を傾けるようになった。逆に、左派の武装闘争は、二一世紀の今日では、宗教回帰した人びとの心に響く力を持ってい

ベイルート南郊のシーア派地区　ヒズブッラー（神の党）の書記長の大きな絵が、ビルの前に掲げられている。欧米ではテロ組織とされるが、近隣にはテレビ放送局、職業訓練校、福祉協会などもあり、住民の生活に密着した活動を展開している。

ない。

穏健派は、文明復興のモデルをアッバース朝の黄金時代（八〜一一世紀）に求めることが多い。イスラーム科学が栄えた時代であり、十字軍が来る前の時代である。それに比して過激派は、十字軍と戦い、また列強の植民地主義と戦うイメージを自分たちに重ねている。

ジハードは、穏健派にとっては何よりも内面の悪と闘い、社会をよくする闘いである。ところが、過激派は外国軍と戦い、独裁政権を倒す闘争をジハードとする。過激派はきわめて少数であるが、その武力は時に破壊的な結果をもたらす。穏健派の社会建設は日々の喜びと助け合いと忍耐の道であり、長い時間がかかる。失業対策と雇用創出も時間と忍耐を必要とする。両者の間で、最後に実を結ぶのは地道な努力であると信じたい。

死の迎え方

أجل مسمّى

アジャル・ムサンマー

*

【定めの刻】

ムスリム墓地(ダマスカス郊外)　土葬した上に墓標を立てる。クルアーンの章句などが刻まれ、ムスリムの墓と一目でわかる。墓参は死者のために祈り、自分もやがて死ぬ身であることを思い出す機会とされる。

幸せな死とは、どんなものだろうか――カイロで、私と知人が何人か集まって雑談に興じている時に、そんな話になったことがある。

四〇代のナビールさんが、父親から聞いた話を披露する――「マッカ巡礼に出かけた人が、カアバ聖殿で礼拝をしていて、平伏礼をしている時、そのまま起き上がってこなかった、というんだ」。

平伏礼とは礼拝の中で、床に座って額と鼻の頭を床につける所作を言う。「額《ぬか》ずき」とも訳されるが、日本で言う土下座がさらに徹底した形であろう。神への帰依を誓って、額を床にすりつけ、「至高なるわが主に称えあれ」と祈る。

これはしばしば、人間が「神のしもべ」であることを示す究極の形であると称揚される。アラビア語では「サジュダ」と呼ばれるが、「サジュダする場所」がマスジド（モスク、礼拝堂）である。

ナビールさんの話のその人物は、カアバ聖殿の床に額をあてたまま、事切れていたという。ナビールさんは、息を引き取る最後まで神に仕えることができたという点と、礼拝中なので心安らかに死んだ点が幸せだと言う。そこまで極端な例ではなくとも、聖地への巡礼中に亡くなることは幸せとされる。

二〇代の若いアリー君が、パレスチナ人の自爆攻撃はどうかと聞く。日本では自爆攻撃は絶望のなせる業という見方があるが、アラブ人はそこに絶望があるとは思っていない。いつまでも祖国が回復できず、パレスチナ人は経済的にも苦しいのは確かである。しかし、非暴力のデモをしてイスラエル兵に射殺されることもある。むしろ、自らの意思で特攻攻撃をするのは、それによって事態を打開する希望を見いだすからかもしれない。

「本人は幸せだろうね」と、同年代のマーヒル君が言う――「自分が信じる大義のために戦うわけだから」。そして、付け加えた――「エジプト人なら自爆攻撃はしないけど」。実際、エジプトでは過激派はいても、自爆攻撃の例はほとんどなかった。もともと、自爆攻撃は圧倒的に強い正規軍に対して無力な民衆が「弱者の武器」として用いる、という思想的背景がある。エジプトの過激派はエリート予備軍が急進化したケースが多いため、「弱者」という考え方は薄く、自爆攻撃の思想を取り入れなかった。

その後、ひとしきり、自爆攻撃の是非が話題になった後、私が日本の話をした——今の日本では、がん、心臓、脳のいずれかの疾患で亡くなる人が多くを占める。その中では、どの死因がよいだろうか。がんは急死しないし、死ぬ前に心の準備ができる点でいい病気という説がある、と紹介した。

エジプトでもがんは増えている。しかし、と医学部に在席しているサイードさんが「心臓よりも、糖尿病や肝臓疾患がエジプト社会では問題だ」と言い出し、しばらく皆で病気と医療の話になった。その後に日本の話に戻ったが、「心の準備」という話はなかなか通じない。

イスラーム社会の常識では、やがて来る死を自覚することはイスラームの教えの根幹であり、特別な準備はいらない。ムスリムの定型の祈りにも、四六時中「死」が出てくる。たとえば、「ムスリムとして生かし、ムスリムとして死なせてください」という祈りは誰でも知っている。言いかえると、「死」については神にまかせるべきことであって、個々人があれこれ思索したり思い悩むことではない。

クルアーンの中には、人生についてさまざまなことが書かれているが、すべての記述は、人間は唯一神に創造されたものであり、神がこの世にさずけた人間の生はいつか終わりを迎えるということが前提とされている。誰かの訃報に接すると、誰もが「まことに我らはアッラーのものにして、かれへと還りゆく」（雌牛章一五六節）という章句を口にするのも、クルアーンにそう明示されているからである。

死の時は、神のみが知る運命（定命）の中に定められていると考えるので、「惜しい人を亡くした」という表現はありえない。すべての死は、神の定めた寿命によるというのが信条であり、誰かの死に文句を言うのであれば、神の定めを批判することになってしまう。

もっとも、死にそうになると誰もが従容として死に赴く、とは限らない。それが本当に死の時かどうかは、わからないからである。しばらく前に私の親しい友人であるアフマド氏がかなり深刻な病気になった時、後で「これで死ぬのかと心配になった」と語った。死の時が訪れたならば逝くしかないが、そうでないならば、治療や家族のことが心配になる。

預言者言行録に「すべての病に癒やしがある。ただ、死の病を除いて」という言葉がある。「死の病」とは「死に至る病因」のことで、特定の病気のことではない。体力がなければ風邪で命を落とすこともある。要するに、人は死ぬ時に死ぬが、それ以外の病気は治りうるということであろう。

エジプトでは医師のステータスが高いし、社会的な信頼も厚い。そのためもあって、高校を卒業する時に成績がトップクラスであれば、医学部に進学することが多い。上に名前があがったサイードさんもそのようなエリートの一人である。

生きている限り、家族には最良の医療を受けさせたいのは、エジプトでも当たり前である。その間に、病気が治るよう、その苦しみが軽減されるよう、家族は神に祈る。しかし手を尽くして、命が終わる時、「神の許へと還りゆく」という原則が支配する。

肉親が亡くなった時、悲しみに暮れるのは、イスラーム社会でも同じである。少なくとも、はた目には、そう見える。しかし、長年観察している中で、死と別離とは別のことであることが、だんだんわかってきた。悲嘆に暮れているのは、もっぱら別離と喪失に対してなのである。

誰もが親しい人と別れたり、その人がいなくなることを悲しむ。生きていても、二度と会えないとわかれば、非常に悲しい。死んで、この世では再会できないとなれば、いっそう悲しみと喪失感は深い。クルアーンの中で親しい人の死は「ムスィーバ（災厄）」と呼ばれている。親しい人の死は喪失であり、災厄なのである。

しかし、親しい人の喪失が災厄であるとしても、死そのものは誰にも訪れる定めであって、自然体で受け入れるしかない。神の定めた寿命に文句をつけるのも越権行為であるから、亡くなった後はすみやかに墓地に運び、埋葬するしかない。そのことへの理解やあきらめは、イスラーム社会に深く根付いている。

埋葬の仕方はおおむねシンプルである。亡くなった人を水で清め、三枚の白布でくるむ。原則として亡くなった翌日には埋葬するので、モスクに遺体を運んで葬儀の礼拝をおこない、墓地に運ぶ。モスクに運んだ時にちょうど一日五回の礼拝時間にあたれば、多くの人が葬儀礼拝に参加することになる。

葬儀礼拝は「礼拝」という名は付いているが、遺体を前にしての立礼のみで、ふつうの礼拝のように神に向かって額ずくことはしない。死者と自分たちへの赦しと慈悲を願い、五分ほどで終わる。

墓は土葬なので、深く長方形の穴を掘り、その底に亡くなった人をキブラ（マッカのカアバ聖殿の方向）に向けて横たえ、土をかけて埋める。クルアーンの章句を朗誦し、冥福の祈りを捧げて、埋葬を終える。

イスラームは火葬を禁じているという説があるが、明文の禁止はない。預言者ムハンマドの時代には土葬以外はなかったので、火葬については想像もしなかったであろう。上に述べたような土葬が預言者

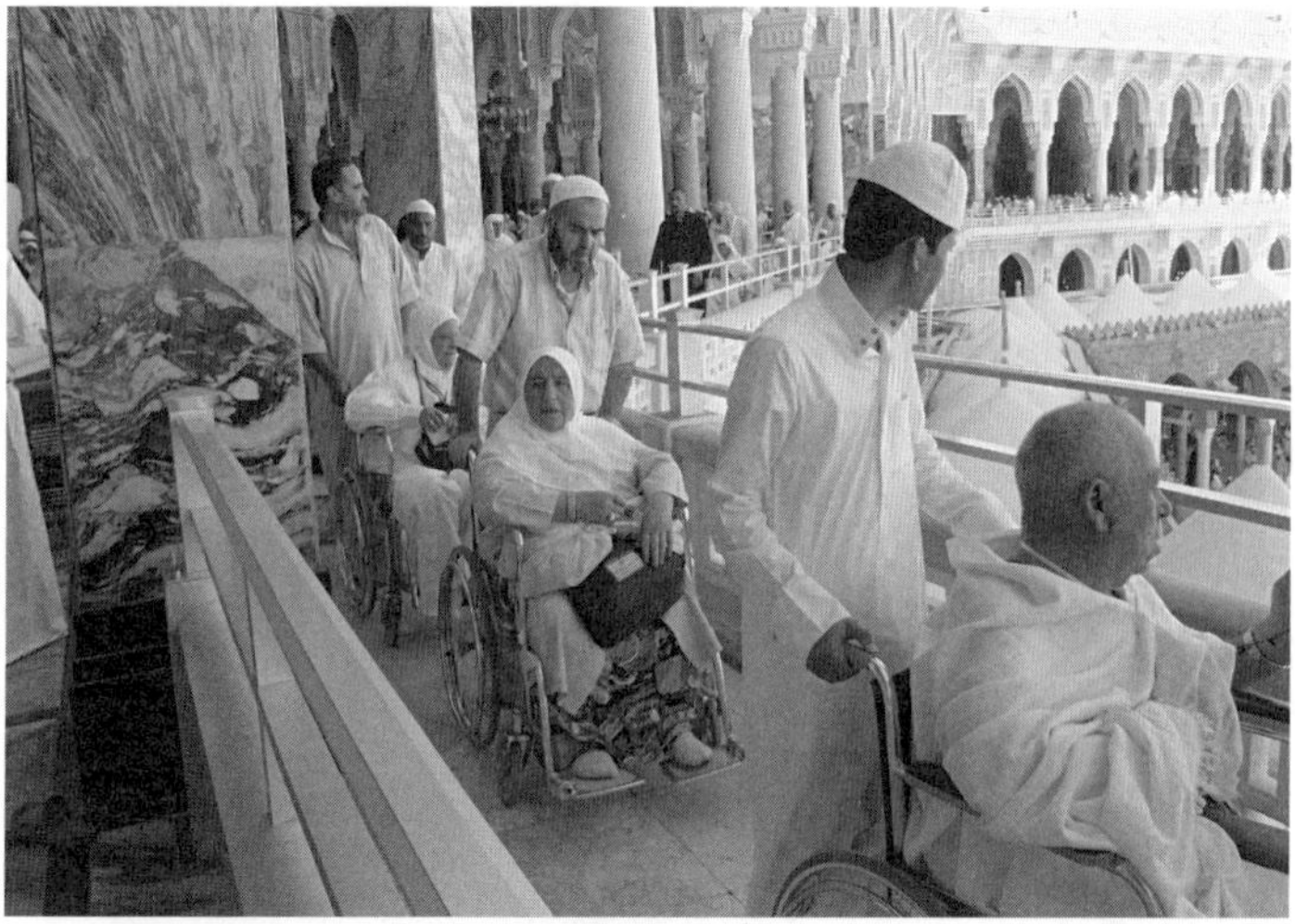

カアバ聖殿での車椅子のタワーフ（周回行）　巡礼者はマッカでいくつもの儀礼をおこなう。身体の不自由な人は車椅子で儀礼をおこなうことが認められている。死ぬ前に巡礼に行きたいと望み、場合によってはそこで死ぬことを本望とする人も少なくない。

慣行として尊ばれている。火葬は、火獄を思わせるとして、ムスリムは心情的に嫌っている。

親しい人を亡くした遺族はたいてい喪失の涙にくれる。大げさに泣かないよう言われるが、自然とこぼれる涙は同情を誘う。肉親を亡くした人に対する慰めの言葉は、「ムスィーバに対して耐えている、あなたの忍耐について神が報奨をくださいますように」と言う。ここでも、生と死は神の領域とされている。

おそらく、イスラーム社会での死に対する態度は、死は人生の終わりではないという認識と表裏一体になっている。人生には、この世の生とあの世の生があり、死は現世から来世への通過点に過ぎないとされる。であれば、失った親でも子どもでも、あるいは親友でも、来世では再び会えることになる。おそらく、ムスリムの全般的な楽天性は、ここに由来する。

アブドの幸せ

سعادة الدارين

サアーダ・アッ=ダーライン

＊

【二つの世の幸福】

人の形に書かれた書道を布の壁掛けに仕立てた作品。イスラームの第一の義務とされる「信仰告白」の言葉が、礼拝の終わりにそれを唱えている人の姿として描かれている。

ムスリムたちは、神を称讃することが好きである。「お元気ですか？」と聞かれれば、「はい、元気です。アッラーに称えあれ」などと、言い交わす。「アッラーに称えあれ」とは、アラビア語で「アル＝ハムドゥ・リッラー」と言う。「ハムドゥ」は称讃、称え、礼賛などを意味し、定冠詞の「アル」が付くので「称讃そのもの」「すべての称讃」を指す。「リッラー」は「神のもの」という意味で、この文には動詞がない。動詞がなければ時制もないので、過去とか現在といった時間に関する制限がない。つまり、「すべての称讃は、いつでも（そして永遠に）アッラーに属する」という意味になる。

称讃としては、これ以上の表現はないであろう。この言葉を、よいことがあった時、嬉しい時に言うのは当たり前として、ムスリムは否定的な状況でもこの言葉を発したりする。「嫌なことに関してさえも称讃される唯一の方、アッラーに称えあれ」という定型表現まである。

また、ムスリムたちは預言者ムハンマドのために祝福を願うのも好きである。クルアーンは命じている——「おお、信ずる者たちよ、彼〔ムハンマド〕への祝福と平安を祈りなさい」（部族連合章五六節）。ムスリムはこの教えを守るわけであるが、その動機がハディースの中にある——「私〔ムハンマド〕に祝福を祈る者には、神がその十倍の祝福を下さる」という。祈願文は簡単で、「預言者ムハンマドに祝福あれ」だけでよい。この言葉を発するだけで祝福が十倍になって返ってくるというから、誰でも喜んでこの言葉を口にする。

このように、神を称えたり預言者ムハンマドへの祝福を願う気持ちが生まれるのは、それがすべてよい結果として自分に返ってくるという考えによる。たとえば、「今日も職があって、家族が無事だった」と思い、だからそれを神に感謝し、神を称える。他方で、いつも神を称えて暮らしているから、よい人生が送れているという見方もする。

では、よい人生とは何であろうか。彼らに聞くと、たとえば「自分の人生が何であるか、知っていることが一番大事」と答える。これは、神が人間を創造したことを理解し、アッラーの実在を信じている、という意味である。「お金があっても、アッラーを知らなければ人生は空しい」とも言う。そして、それに「自分たちの預言者であるムハンマドを知っている」という項目が付け加わる。要するに、ムスリム（帰依者）であることが幸せの第一条件となる。

これは、よく考えると、おかしい。というのは、唯一の創造主が人間を創ったのであり、人はそれを認めて神に帰依しなければならない、というのはイスラームの教義であって、幸せの定義ではないからである。ところが、イスラーム世界のあちこちで、それが幸福の第一因であるという発想によく出会う。

教義書に書かれているような教えであるにとどまらず、それが社会や実生活に染みわたっている。公式の教義は、どのくらいの期間があれば染みわたるのであろうか。歴史をさかのぼってのぞくことができない以上、はっきりとはわからない。中東、北アフリカや中央アジアであれば、イスラームがやって来てから一四世紀もたっている。比較的新しい東南アジアでも、五〜六世紀は過ぎている。一〜二世紀でも染みわたるのか、もう少しかかるのか、判然としない。ただ明白なことは、イスラームが広まって教えが染みわたる間に、イスラームの定義する「幸せ」が浸透したことである。

ムスリムたちは、人間は「神の僕《しもべ》（アブド）」であると断言する。神は「主」であり「養育者」であって、「アブド」はその主から糧や導きを得て生きるものであると言う。この考え方は、近代的な自由や人間の自立の精神からは遠い。

しかし、「人間は自立なんてしていないし、そんなことは望みようがない」と、エジプトの友人メドハト氏は言う――「食べ物がなければたちまち餓死してしまう人間に、何の自立があるでしょう。大地と水と陽の光がなければ作物も育たないのに、人間がそれを造ることは考えられもしない」。いや、そういう自立のことではなく、他者に隷属しない自由、自立のことだ、と言い返すと、彼は答える。「人間が人間を支配するのは間違いだよ。でも、全能の神に対しては、どう考えても、依存し仕える以外の道はないでしょう。神が私たちを創造したのだから。しかし、私たちは神のアブドであると信じるからこそ、他の人間に対しては自由であり、他人を隷属させようとする人間とは闘うのです」。

この論理はわからないではないが、近代社会が神抜きで人間同士の自立と自由を論じてきたことを考えると、この人間観は全く次元を異にすると思わざるをえない。彼らは、「アブドであることを自覚すると、人間の限界もわかって、かえって心が自由になる」と言う。それは自由を追求するよりも、心の平安を求める考え方に聞こえる。そして、「おのれの力が足りなくても、神に祈願することでかなうことは多い」と言う。

いつでも何でも神に祈り、頼むことができるのが「アブドの特権」である。実際、祈りの言葉は、しばしば実利的で、即物的である。生活の糧（お金）が欲しい、病気を治してほしい、よい職に就かせてほしい、等々。もちろん、来世に関する願いも口にするが、その基本は「来世における安楽な暮らし」であるから、祈りは不幸の排除と幸福の達成を求めるものと言える。

そこに「アブドの幸せ」がある。それがイスラームが考える人間というものであるならば、イスラーム社会は自由よりも幸福を重視していると思える。自由か幸福か、という二者択一を問うならば、ムスリムは「幸福が一番大事」と選択するに違いない。

イスラーム圏のどこへ行っても、人間が「神のアブド」であるという認識は揺るぎない。これこそが一神教の特徴かと思うこともある。多神教では神々も相対的であるから、人間の幸福をすべてかなえる一体的な力は存在しえない。世界を単独で運行する神が存在するという一神教の信念が、世界の法則にかなう限りはどのような願いをしてもよいという確信につながっている。

だから、ムスリムたちは祈願文を口にするのが本当に好きである。「祈願は信徒の武器」という言い方もある。人生にはいろいろと苦難があり、辛いことも多い。苦難に立ち向かう一番の助けが祈願とされる。日本語でも「困った時の神頼み」という言葉があるが、イスラームでは「何はともあれ神頼み」とでも言うべきであろうか。クルアーンも言う、「もし僕たち〔人間〕が汝らにわれについて問うならば〔答えなさい〕——われは近くにあり、われに願う者の願いに応えるであろう」(雌牛章一八六節)。

イスラームは徹底した一神教であり、神の唯一性、超越性、絶対性を徹底させている。しかし、神が人間に手の届かない超越者であるだけでは、信徒は安心して生きることができない。「われは近くにある」、そして「願いに応えるであろう」という言明が人びとに幸せを求める暮らしを保証していることが、彼らの暮らしの中から読み取れる。

イスラームでは、このクルアーンの章句は預言者ムハンマドを通じて人類に与えられた神の言葉である。「われは願いに応えるであろう」という神の言葉を直接聞くがゆえに、人びとは安心して祈願し、その結末を神にまかせる。そこに、「アブドの幸せ」が成り立つ仕組みが強力に作用している。

そのような仕組みは、日本のような文化環境から考えると、容易に理解しがたいものがある。それを解き明かす一つの鍵が、本書で考えてきた「言葉の技術体系」である。聖典であるクルアーンは言葉に

壁掛け作りの職人（カイロ旧市街）　テント地の布を用いて作る壁掛けは、エジプトの伝統工芸の１つ。壁掛け職人ばかりが集まった地区がある。職人の背後に見えている幾何学紋様や古代エジプトのモチーフと並んで、クルアーンの章句に人気があるという。

よって、アブドという強烈な定義を人間に与える。その定義は人間の創造主が定めたものであるがゆえに、信徒が心から信じることができるものとされる。クルアーンはさらに、人間の祈りの言葉を教える。その祈りと願いを繰り返すことを通じて、その内容がやがてアブドの願いとなり、望みとなっていく。

言葉の技術体系は、イスラーム世界の拡大とともに東西に広がり、クルアーンの教えがアブドとしての人間の世界観や社会関係を彩るようになった。この技術体系によって定義された幸せが人びとの幸せとなり、しかもこの技術体系がその幸せを実現する。死の悲しみすら、それによって意義づけされ、それを通じて癒やしの道が示される。イスラームが提供する「言葉の技術体系」の威力や効用を理解すればするほど、「不思議の感も深まると言うべきであろうか。

初出――月刊『言語』（大修館書店刊）
第Ⅰ部　二〇〇四年一月号～一二月号
第Ⅱ部　二〇〇五年一月号～一二月号
（第Ⅲ部は書き下ろし）

あとがき

イスラームの世界は大きく、広い。いわゆるイスラーム諸国だけで世界の国々の三分の一に相当する上に、ムスリム・マイノリティーが社会的に意味を持っている国が同じくらいある。当然ながら、同じイスラームと言っても、言語・文化も多様であるし、社会のあり方や生き方もそれぞれに違う。

にもかかわらず、多様な人びとが「イスラーム」という一つの共通項で結びついている。上から統合されているのではなく、本人たちが望んで結び合っている。これだけ広い地域にわたっていれば、多様性は当たり前のこと、むしろ不思議なのは多様な人びとがイスラームでつながっていることの方である。

しかも、どこへ行っても、「イスラームが宗教として一番素晴らしい」という声を聞く。自分の宗教だからそう思う、という水準を超えて、心から確信しているように見える。今さら言うまでもないが、イスラーム諸国はほとんどが途上国である。一部の産油国では先進国なみの生活水準に達しているが、平均値で言えば、イスラーム世界の平均的な経済水準は途上国全体の平均よりも低い。にもかかわらず、イスラームに対する自負は非常に高い。しかも、それが彼らの幸福の源泉でもあるという。明治以来ずっと近代化に邁進し、その成功体験に自負心がある日本から見ると、発展とは全く関係のない（ように見える）ところに人生の確信を持つのは、不思議な現象と思える。

筆者の場合、その不思議さをしきりと感じながら、不思議さの根底にあるものを読み解こうとする営為を、かれこれ四〇年も続けてきた。

個人的な話になるが、筆者がイスラームに関心を持ったきっかけは、偶然に近い。一八歳の時に東京外国語大学に入ってアラビア語を学び始め、それからこの言語がイスラームと切っても切れないことを知ったからである。実のところ、入学するまで、アラビア語にしても一度も聞いたことがなかった。知っていたのは、文字を右から左に書くということだけであったが、若者の好奇心にとっては、それだけでも進学のための十分な判断材料に思えた。

さらに私的な昔話になって恐縮であるが、「将来は物書きになりたい」と思い立った中学生の頃、具体的な道として「世界をめぐる紀行作家、翻訳家」を構想した。はるかな西方のアラビア語は当時の日本ではきわめて珍しく、それを大学で学ぶことはこの構想に合っていると、世間知らずの若者には思われた。しかし、いざ始めてみると、日本とほとんど縁のない言語を読むこと、ましてやその背景にある異文化・異文明を読み取ることは容易でないことがわかった。

アラブの現地に行くしかないと思ったのは、ほかの要因もないではないが、とにかくアラビア語を日々読み聞きできる環境に浸りたいと願ってのことであった。大学時代の最大の恩師、当時は東京外大の客員教授であったアリー・ハサン・エルサムニー先生にこの希望を訴えると、やがてエジプト政府の招聘奨学生に採用されることができた。エジプトでは見るもの聞くもの珍しく、八年があっという間に過ぎた。

日本に戻ってからは大学の教員となり、研究・教育に専心することになった。紀行作家・翻訳家の夢はかなわなかったが、内容的にはかなり近く、いささかの悔いもない。今日では、専門領域はイスラーム学、地域研究、比較政治学、国際政治学、比較文明学であるが、総じて言えば、イスラーム学のようにテキストを読む分野と、地域研究のように実際の社会を調査する分野をかけ合わせて研究を続けている。多くの研究者がどちらかを専門とするということから言えば、古典のテキストから現代政治・社会までを合わせて研究するのは珍しいかもしれない。その成果の一端が本書にうまく現れていれば、これほど嬉しいことはない。

古典的テキストの読解と現代社会の解析をかけ合わせることは、イスラーム社会のように古典が現代に生きている場合でも容易なことではない。二つの間には大きな壁がある。それを乗り越えるための方法論の一つは、「読む」という概念で両者を統合することである。「読む」と言うと、ふつうは文字や文を読むことになるが、そこには文字面を読むだけではなく、内的な真意や文脈までをも「読み取る」「理解する」「解釈する」という行為が含まれている。現実の社会で起きていることを見る場合も、私たちは実見した出来事や他者の発話行為を読み取り、理解し、解釈している。さらに他の人から伝えられた出来事となれば、それは出来事についての言語表現であるから、いっそう読み取りと解釈が必要となる。

かくして、私たちが自分たちを取り巻く他者や世界を理解することは、「テキストを読み、出来事を読む」ことから成り立っている。それが、「読む」ことをもって古典的テキストの読解と現代社会の解析を統合するための、筆者の方法論的な視座である。本書でも、そのようにして、イスラームとイスラーム世界を読み解いてきた。

右から左に書く言語の面白さに取り付かれて四〇年というだけなら私的な趣味の物語であるが、自分が読み解いたものを日本語で表現し、日本の読者に届けたいという願いも強く持ってきた。社会的な意義が評価されたためか、紫綬褒章（二〇一二年春）をいただくような栄誉にも出会ったが、「紀行作家」とともに「翻訳家」という夢から言えば、自分の半生が「イスラームを読む」という「文化の翻訳」に少しでも成功したのならば、これにまさる喜びはないと思う。

読者へ向けての発信は、常に編集者との出会いから始まる。本書の第Ⅰ・Ⅱ部は、月刊『言語』の連載に手を入れたもので、第Ⅲ部は書き下ろした。連載時から本書の完成に至るまで、大修館書店編集部の原田由美子さんはかけがえのない良き読者として、筆者を励まし、また適確なアドバイスをくださった。心より御礼申し上げたい。

原田さんからは初め、拙著『イスラームとは何か――その宗教・文化・社会』（講談社現代新書、一九九四年）の続編なり、エッセイ編となるような一書を、という依頼を受けた。さいわい、『イスラームとは何か』はイスラームの入門書として多くの読者を得て、三〇刷を超えて今も読み継がれている。本書も、その姉妹編として、ご愛読をお願いしたい。

イスラーム世界は若さに満ちている。時に若気の至りと思える事件も起きるが、それも活力の一部が出口を失って破裂していると言うべきかもしれない。二〇世紀半ばには世界人口の六分の一弱であったが、今日では四分の一、二一世紀半ばには三分の一となると予測される。これはイスラーム世界の強い生命力を示している。急激に人口が増加しているため、イスラーム圏を訪れると、どこでも元気な子どもが満ちあふれている。その意味では未来の宗教であり、これからの多文化社会にとっても大きな意義を持つに違いない。

最後に、未来志向ということで、本書を娘たちと孫、そして若い読者の皆さまに捧げたい。

二〇一六年　春

小杉　泰

写真・図版出典

※数字は本文の掲載頁。

著 者：10, 15, 21, 22, 27, 28, 33, 34, 40, 45, 46, 51, 57, 58, 63, 64, 69, 78, 102, 107, 108, 113, 114, 119, 120, 126, 131, 132, 138, 143, 149, 157, 158, 163, 170, 175, 181, 182, 187, 188, 194, 205, 206, 212, 217, 218

著者提供：9, 70

小杉麻李亜：83, 89, 90, 95, 96, 144, 169, 176, 199, 211, 224, 229

A. A. Ammar：16, 101, 125, 152, 193, 200, 223

Mori Niama：84, 137

Nasser D. Khalil, *Islamic Art and Culture: A Visual History*, Woodstock and New York: Overlook Press, 2005, p.50：4

Shutterstock：39, 75

Tharwat 'Ukāsha, *Fann al-Wāsiṭī min khilāl Maqāmāt al-Ḥarīrī: Athar Islāmī Muṣawwar*, Cairo: Dār al-Shurūq, 1992, p.65：164

Y. Ībish and Y. Q. Khūrī, eds., *Dalīl al-Taḥwīl al-Hijrī al-Mīlādi*, Beirut: Turāth, 1999：52

や行

ら行

わ行

ま行

た行

な行

は行

さ行

か行

索　　引

あ行

[著者紹介]

小杉　泰（こすぎ　やすし）

1953年北海道生まれ。エジプト国立アズハル大学イスラーム学部卒業。法学博士（京都大学）。マレーシア国民大学名誉博士（イスラーム文明学）。現在、京都大学大学院アジア・アフリカ地域研究研究科教授、同研究科附属ハダーリー・イスラーム文明研究センター長。国際大学大学院国際関係学研究科教授、ケンブリッジ大学中東研究センター客員研究員、日本学術会議会員、日本中東学会会長などを歴任。

専門は、イスラーム学、中東地域研究、比較政治学、国際関係学、比較文明学。イスラーム研究・中東地域研究の功績に対して、大同生命地域研究奨励賞（2009）、紫綬褒章（2012）、京都大学孜孜賞（2013）。

著書に、『イスラームとは何か——その宗教・社会・文化』（講談社現代新書）、『現代中東とイスラーム政治』（昭和堂、サントリー学芸賞 1994）、『現代イスラーム世界論』（名古屋大学出版会）、『「クルアーン」—語りかけるイスラーム』（岩波書店）など多数。共編著に『岩波イスラーム辞典』（毎日出版文化賞 2002）、『イスラーム 書物の歴史』（名古屋大学出版会）など。

イスラームを読《よ》む——クルアーンと生《い》きるムスリムたち

NDC 361/xiv, 242p/19cm

初版第1刷——2016年4月20日

著者————小杉 泰
発行者————鈴木一行
発行所————株式会社 大修館書店
〒113-8541　東京都文京区湯島 2-1-1
電話 03-3868-2651（販売部）　03-3868-2292（編集部）
振替 00190-7-40504
［出版情報］http://www.taishukan.co.jp

装丁・本文デザイン——井之上聖子
印刷所————壮光舎印刷
製本所————司製本

ISBN978-4-469-21354-6　Printed in Japan